La Bataille des Ardennes et ses environs

La Bataille des Ardennes et ses environs.

Histoire de la Grande Guerre

Gabriel Hanotaux

Editions Le Mono
Collection «*Les Pages de l'Histoire* »

Connaître le passé peut servir de guide au présent et à l'avenir.

© Editions Le Mono

ISBN : 978-2-36659-354-9
EAN : 9782366593549

La Bataille des Ardennes

21-25 aout 1914

Etude tactique et stratégique

De toute la « Bataille des frontières » la partie restée la plus obscure jusqu'ici est la lutte engagée du 20 au 30 août dans la région des Ardennes et de la Meuse du Luxembourg belge. Sur un front d'au moins cent kilomètres, trois armées allemandes, trois armées françaises, se livrèrent des combats obscurs, extrêmement meurtriers, qui eurent les plus graves conséquences sur le sort de la guerre elle-même. A la suite des premiers engagements, les armées françaises furent refoulées ; la France fut envahie ; mais elle trouva, dans ces mêmes combats, les gages de sa prochaine victoire : la victoire de la Marne.

Ce premier acte est l'acte des préparations. Les armées du kronprinz, du duc de Wurtemberg et du général von Hausen en sortirent victorieuses, mais si fortement secouées qu'elles ne purent accomplir la mission dont elles étaient chargées : prendre ou bloquer Toul et Verdun, couper les communications de nos armées de l'Est, asséner enfin à l'armée de Joffre le coup décisif dans les plaines de la Champagne ou sur les bords de la Seine. 1100000 hommes peut-être furent engagés dans ce vaste événement militaire comparable aux batailles de Mandchourie. Pendant la seule journée du 22 août, douze combats, qui mirent aux prises chacun de 60 à 100000 hommes, furent livrés simultanément. Une terrible épreuve donna, dès le début, aux deux parties, le sentiment de ce que seraient ces rencontres de peuples en armes.

Ayant exposé dans l'*Histoire de la guerre de 1914* le détail des marches et des combats, je voudrais essayer de dégager ici le sens et la portée stratégiques et tactiques de la *Bataille des Ardennes* proprement dite, c'est-à-dire de la première partie de ces engagements, celle qui se passe sur la frontière franco-belge et qui s'achève par la retraite générale sur la Meuse, le 25 au soir ; la deuxième phase se déroule sur le territoire français : c'est la *Bataille de la Meuse,*

Plan de campagne de l'armée allemande

Le plan général de l'Etat-major allemand s'inspirait des idées du feu maréchal von Schlieffen, ancien chef d'Etat-major général, proclamé par l'empereur Guillaume le plus « génial » de ses hommes de guerre.

Ce plan ne comportait pas seulement, comme on l'a trop répété, un mouvement d'aile droite visant Paris et l'enveloppement de la gauche des aimées de Joffre ; il disposait l'ensemble des armées allemandes en la forme d'une tenaille dont l'une des branches s'avançait vers la trouée de Charmes et l'autre par la Belgique vers l'Oise, l'Aisne et la Marne. Quant au centre, qui servait d'articulation, il était réservé pour tomber sur les armées de Joffre, une fois qu'elles se trouveraient prises dans la pince et bousculées par la double attaque de flanc, quelque part vers Châlons ou vers Dijon. Tout cela se passerait, selon l'expression de Schlieffen, « comme dans la cour de la caserne, comme à l'école de bataillon. » Celle stratégie supérieure « spécialement allemande » et « surnapoléonienne » se promettait d'anéantir les armées françaises en une seule fois par enveloppement et écrasement.

« Les armées opérant d'après cette doctrine, écrivait Schlieffen lui-même dans son fameux article *Cannae*, se portent en une longue ligne de bataille contre la ligne adverse beaucoup plus étroite et disposée en profondeur. Les ailes, constituant des échelons avancés, se rabattent contre les flancs, tandis que la cavalerie, poussée en avant, gagne les derrières des forces ennemies. Dans le cas où les ailes forment des corps séparés ; elles exécutent la mission qui leur incombe, en utilisant tout le réseau routier dont elles peuvent disposer. C'est l'opération que Moltke dénomme « la concentration des armées sur le champ de bataille » et qu'il tient pour la manœuvre la plus parfaite qu'un chef d'armée puisse réaliser.»

Nous avons dit comment l'une des branches de la tenaille se brisa contre la résistance des armées de Dubail et Castelnau à l'entrée de la Trouée de Charmes. Nous dirons bientôt comment l'autre branche s'usa dans l'effort qui la livra à la contre-attaque française sur l'Ourcq et sur la Marne. Mais, procédant d'Est en Ouest et par ordre chronologique, nous allons essayer d'exposer aujourd'hui comment les armées du Centre, réservées pour le coup final, furent dénichées en quelque sorte dans la forêt et tirées en plaine par l'offensive française, et comment cette offensive, qui, malheureusement, nous coûta cher, eut du moins pour avantage de déchirer les voiles, de nous révéler les forces considérables cachées sous les ombrages de l'Ardenne et de les ébranler avant l'heure où elles eussent été en mesure de surprendre notre centre par leur soudaine irruption.

Deux points demandent à être mis d'abord en lumière : a) l'importance des forces massées par les Allemands dès le début de la guerre dans le duché de Luxembourg et dans le Luxembourg belge ; b) l'importance parallèle des forces rassemblées par le commandement français dans ces mêmes parages. Il va de soi que ces accumulations de troupes ne furent pas dues au hasard et qu'elles résultaient de part et d'autre de conceptions stratégiques dont nous essaierons de donner la clef.

Du côté allemand, c'est, d'abord, 1) *la 5e armée du kronprinz.* — Elle se compose, en procédant d'Est en Ouest : de la 33e division de réserve, renforcée d'une brigade de *landwehr ;* sortie de Metz, elle se tient en liaison avec la VIe division de cavalerie ; ces forces combinées menacent Verdun ; — du 16e corps actif (général von Mudra), s'appuyant sur Thionville d'où il a débouché par Aumetz ; il se développe sur Fillières-Joppécourt ; — du 6e corps de réserve, destiné à attaquer Longwy et à marcher sur Xivry-Circourt ; — du 5e corps de réserve (général comte Solms), qui a bivouaqué autour de Bettembourg, dans le grand-duché de Luxembourg, et qui se portera sur Kœrich, en face de Longwy ; — du Ve corps actif venu de Posnanie (général von Strantz), qui opérera en avant du corps de réserve ; — du 13e corps actif (général von Fabeck), qui forme l'aile droite de l'armée du kronprinz et qui était en train d'accomplir un mouvement d'Est en Ouest (d'Arlon sur Neufchâteau), quand il dut faire soudain face au Sud, au moment où l'offensive française se produisit. Le 6e corps actif fit nominalement partie de l'armée du duc de Wurtemberg jusqu'au 30 août ; mais, en réalité, il opéra en liaison étroite avec l'armée du kronprinz au cours de la bataille des Ardennes.

Donc, près de six corps d'armée, sans compter les puissantes garnisons des camps retranchés de Metz et Thionville, qui ne cessèrent d'envoyer des renforts. C'est environ 250 000 hommes appartenant à des formations comptant parmi les meilleures, puisqu'on y remarque le XVIe corps (de Metz), si souvent comparé à notre 20e corps, les troupes de Posnanie, etc., etc. Cette armée est placée sous le commandement du kronprinz, de l'héritier de la couronne impériale, de l'homme qui a fait de cette guerre sa chose. Un tel choix suffit pour prouver qu'on a réservé à cette armée un rôle éminent. Dans le secret de la sombre forêt d'Ardenne, on a préparé la chevauchée magnifique qui fera déboucher le chasseur noir dans la plaine française : il a devant lui la forteresse qui exerce sur la dynastie des Hohenzollern une fascination héréditaire, — Verdun.

2) *La IVe armée. Armée du duc de Wurtemberg.* — Celui-ci est un autre héritier. Le troisième prince héritier, celui de Bavière, commande sur le front de Nancy.

La IVe armée comprend au début, comme il vient d'être dit, le VIe corps actif (général von Pricttwitz), qui a devant lui la région de Rossignol ; le XVIIIe corps de réserve qui se porte sur Neufchâteau ; le XVIIIe corps actif (général von Tchenk) en marche sur Bertrix ; le VIIIe corps de réserve (général von Egloffstein) marchant vers Paliseul ; le VIIIe corps actif (général Tulff von Tchelpe und Weidenbach), qui, venant du Luxembourg, s'avançait rapidement sur la Meuse, acomplissant, lui aussi, un mouvement d'Est en Ouest sur lequel nous allons revenir ; enfin deux divisions de cavalerie, les IIIe et VIIIe divisions.

C'est donc cinq corps et deux divisions de cavalerie, formant un total de plus de 200 000 hommes qui se sont installés sous les bois et sont aux aguets sur la frontière belge, un peu au Nord de la Semoy.

3) *La IIIe armée. — Armée du ministre de la guerre saxon, von Hausen. —* Elle se compose du XIXe corps qui, parti des Trois-Vierges, se porte, lui aussi, de l'Est à l'Ouest et défile derrière l'armée du duc de Wurtemberg ; il passe à Mont-Gauthier le 21 et se dirige par une marche de vingt-cinq heures, du 22 à l'aube, au 23 à l'aube, sur Bourseigne-Neuve et Hargnies ; du XIe corps actif (général von Pluskow), qui sera, à la fin d'août, rappelé en Russie ; du XIIe corps actif ou Ier saxon (général d'Elsa), qui accomplit, plus au Nord, le même mouvement que le XIXe corps et est vers Sovet (10 kil. N.-E.) de Dinant, le 21 ; du XIIe corps de réserve (général von Kirchbach), qui manœuvre dans la même direction et débouche sur Sorine le 23. En plus, la IIIe armée dispose de la cavalerie de la Garde. Cette armée doit compter au moins 120 000 hommes. C'est donc un total de 550 ou 600 000 hommes qui se sont insinués dans les deux Luxembourg ; selon les dires des gens du pays, les bois « grouillent d'Allemands. »

En accumulant des forces si considérables sur cette frontière et en prenant des précautions si extraordinaires à la fois pour les cacher et pour organiser leurs positions, le grand Etat-major allemand ménageait à l'Etat-major français une « surprise. » C'est ce qui résulte de tous les documents publiés, jusqu'ici, en Allemagne : c'est ce qui résulte de l'examen de la carte, et c'est ce qui résulte surtout de la suite des événements. Si les armées françaises se risquent dans cette région et abordent cette masse, elles auront une

« surprise » en effet ; mais leur offensive hardie, et qui semble n'avoir pas été prévue par les chefs adverses, dérangera, en revanche, quelque grand projet.

Forces françaises sur la frontière entre Givet et Audun-le-Roman.

A ces forces allemandes, quelles forces françaises étaient opposées ?

Il y a lieu de rappeler, d'abord, que, dans la toute première phase de la mobilisation, alors que la violation de la neutralité belge n'avait pas encore révélé le plan « génial » des Allemands, la frontière entre Meuse et Moselle était occupée par la 5ᵉ armée (général Lanrezac), la 3ᵉ armée (général Ruffey) et les divisions de réserve destinées à couvrir Verdun et, le cas échéant, à se porter sur Metz. Quand le mouvement de l'aile droite allemande sur la basse Belgique se fut révélé, on déplaça la 5ᵉ armée (renforcée d'éléments nouveaux) et par une « marche en crabe », elle glissa de droite à gauche se portant de la Meuse sur la Sambre ; la 4ᵉ armée vint la remplacer sur la frontière. Par suite, à la date du 19 août, les troupes françaises du front des Ardennes sont constituées ainsi qu'il suit : Deux armées, la 3ᵉ et la 4ᵉ se trouvent là réunies et en plus, à droite, un certain nombre de divisions de réserve. Mais, à partir du 19, ces divisions sont constituées en une armée indépendante, l'armée de Lorraine.

Donc, en procédant de l'Est à l'Ouest, nous trouvons :

1) *L'armée de Lorraine (général Maunoury)* agissant au Nord de Verdun et jusque dans le voisinage d'Etain : Elle se compose du groupement du général Pol Durand, 54e, 55e, 56e, 67ᵉ divisions de réserve, plus les 65ᵉ et

75e divisions de réserve, soit six divisions de réserve qui, précédemment, se rattachaient à la 3e armée.

2) *La 3e année (général Ruffey)*, se composant de trois corps d'armée : le 6e corps (général Sarrail), le 5e corps (général Brochin) et le 4e corps (général Boëlle). Cette armée, sous la protection du 6e corps en couverture, constituée dès le début d'août entre Meuse et Moselle, s'était concentrée sur les Hauts-de Meuse de Saint-Mihiel à Damvillers, le quartier général à Verdun.

A la veille de la bataille des Ardennes, la situation des trois corps de la 3e armée était la suivante : le 6e corps (général Sarrail), après s'être concentré dans la plaine de Woëvre, autour de Vigneulles, s'était porté en échelon dans la région Nord-Est de Verdun, quartier général à Fresnes à partir du 14 août ; puis il avait avancé dans la direction de Beuveilles, quartier général à Spincourt. Le 5e corps (général Brochin) doit surveiller le débouché de Longuyon dans la direction de Tellaucourt. Le 4e corps (général Boëlle), à gauche de la 3e armée, en liaison avec le 2° corps de la 4e armée, a pour objectif la Basse-Vire dans la direction de Virton, tandis que ses gros sont sur la Chiers.

La 3e armée et l'armée de Lorraine réunies, plus la 7e division de cavalerie, font un total de plus de 200000 hommes, dont près de la moitié de troupes de réserve, disposés en un vaste demi-cercle en avant de Verdun : nous indiquerons tout à l'heure le rôle offensif qui est destiné à ces deux armées dans la pensée du haut commandement français.

3) *La 4e année (général de Langle de Cary)* ; c'est une formation plus puissante que les deux précédentes. Au 20 août, avec le renfort que lui apportent une partie du 9e corps (détaché de l'armée du général de Castelnau) et la division du Maroc, elle ne comprend

pas moins de six corps actifs et deux divisions de réserve, sans compter la cavalerie, soit plus de 250 000 hommes.

De l'Est à l'Ouest, c'est, d'abord, le 2e corps (général Gérard) ; après qu'une de ses divisions eut livré, le 10 août, le combat de Maugiennes auquel prit part également le 4e corps, ce corps a bivouaqué en deçà de la frontière française, en face de Virton ; sa liaison, à l'Est, se fait par Monlmédy avec le 4e corps (13e armée) ; — le corps colonial (général Lefèvre) qui a pris ses cantonnemens entre Montmédy et Meix-Gérouville-Herbeuval-Villiers-devant-Orval ; le 12e corps (général Roques) qui, après avoir eu son quartier général à Stenay sur la Meuse, s'est rapproché de la frontière belge et a son quartier général aux Deux-Villes, la veille de l'offensive ; le 17e corps (général Poline), quartier général à Mouzon, avec pour objectif, la vallée de la Meuse dans la direction de Carignan et au-delà vers Herbeumont-Cugnon ; le 11e corps (général Eydoux) dans la région Bouillon-Corbion, en liaison avec le 17e corps par Cugnon ; la moitié du 9e corps (général Dubois) qui vient de Nancy et débarque à Charleville, le 20 au matin. Il est jeté immédiatement dans la région de Bièvre-Nafraiture. Dès le 22, il sera complété par l'arrivée de l'excellente division du Maroc (général Humbert). Plus au Nord, la 52e division de réserve (général Coquet) forme l'extrême gauche et garde les ponts de la Meuse entre Fumay et Monthermé ; la 60e division de réserve (général Joppé) débouchera bientôt sur la Semoy dans la direction de Rochehaut. Enfin, la 4e armée est éclairée, à environ deux jours de marche vers le Nord, par les 4e et 9e divisions de cavalerie.

En additionnant les forces des trois armées françaises, c'est la valeur d'environ 12 corps d'armée, sans compter la cavalerie, qui manœuvrent entre Audun-le-Roman d'une part et Givet de l'autre. Force considérable, la plus belle peut-être dont put disposer alors l'Etat-major français.

Conceptions stratégiques allemandes

Ayant constaté la force des deux armées, il faut essayer de dégager les raisons de leur présence dans cette région, le but stratégique et tactique des deux commandements.

Du côté allemand, l'accumulation de troupes dans le grand-duché du Luxembourg et dans le Luxembourg belge est un fait profondément réfléchi, soigneusement préparé et qui suffirait à lui seul pour établir la réalité du vaste programme politique et militaire inspiré par les idées de Schlieffen.

Je dirai plus, ce fait porte une puissante lumière sur la décision prise d'avance par le gouvernement allemand de déchaîner cette guerre, dans la certitude où il croyait être d'emporter, sur le front occidental, la victoire complète et immédiate. On n'établira jamais assez clairement ces origines, car si on les laisse s'obscurcir, on portera atteinte au caractère de la guerre elle-même.

Le plan militaire est en connexion absolue avec le plan diplomatique et, à ce point de vue, l'aveu de Heinecke est doublement précieux. Reprenons sa phrase principale : « Les armées allemandes devaient fondre toutes ensemble sur l'adversaire, se précipiter en avant dans un brusque mouvement concentrique, aller chercher et anéantir, dès le début de la campagne, le gros des forces ennemies ; le premier but était d'écraser tout de suite la France et de la contraindre à traiter...,» et rapprochons cette phrase de celles prononcées par le chancelier Bethmann-Hollweg et par le ministre von Jagow au cours des débats diplomatiques qui précédèrent, de la part de l'Allemagne, la déclaration de guerre : « Croyez bien, dit M. de Jagow au baron Beyens, que c'est la mort dans l'âme que l'Allemagne se résout à violer la neutralité de la Belgique. Que voulez-vous ? *C'est une question de vie ou de mort pour l'Empire*, Si les armées allemandes ne veulent pas être prises entre l'enclume et le marteau, elles doivent frapper un grand coup du côté de la France, pour pouvoir ensuite se retourner contre la Russie. — Mais, dit le baron Beyens, les frontières de la France sont assez étendues pour que l'on puisse éviter de passer par la Belgique. - Elles sont trop fortifiées... » Et du même Jagow parlant à l'ambassadeur d'Angleterre : « C'est pour nous une question de vie ou de mort ; car si nous avions passé plus au Sud, nous n'aurions pu, vu le petit nombre de chemins et la force des forteresses, espérer passer sans rencontrer une opposition formidable. » Ne citons que pour mémoire l'entretien fameux de l'ambassadeur d'Angleterre avec le chancelier, avec cette affirmation allemande sans cesse répétée : « L'invasion de la Belgique, c'est pour l'Empire une question de vie ou de mort. » Et la formule définitive de la thèse impériale donnée par le ministre des Affaires étrangères : « La sécurité de l'Empire exige d'une façon absolue que les armées allemandes traversent la Belgique. » (*Livre Bleu*, n°160.)

Or, il ne s'agissait pas seulement de la Belgique du Nord de la Meuse, mais aussi de la Belgique du Sud ; il ne s'agissait pas seulement de la Belgique, il s'agissait aussi du Luxembourg. En un mot, l'ensemble de ces aveux et de ces faits révèle le plan militaire allemand initiateur du plan politique et qui était de s'assurer la victoire par une manœuvre foudroyante consistant à tourner nos places de l'Est pour prendre nos armées comme dans un étau : on tournait Belfort et Epinal par la trouée de Charmes ; on tournait Toul et Verdun en débouchant sur la frontière des Ardennes et sur la Meuse.

Cette situation étant donnée, on s'aperçoit que l'invasion du duché de Luxembourg par les armées allemandes dès le 1er août, avant la déclaration de guerre, n'est nullement un fait d'importance secondaire comme on a quelque tendance à le laisser croire, mais un des principaux éléments d'appréciation relativement au plan politique et militaire de l'Allemagne. Rien ne démontre mieux sa préméditation. En effet, mettre le pied sur le territoire du Luxembourg, c'était violer l'*une* des neutralités ; la violation de l'*autre*, c'est-à-dire de la neutralité belge devait s'ensuivre fatalement : la théorie du « chiffon de papier » s'appliquait dans les deux cas.

C'est avant la déclaration de guerre, avant les ouvertures adressées à la Belgique pour laisser franchir son territoire, que le territoire du grand-duché est occupé. Il fallait, évidemment, un intérêt stratégique de premier ordre, pour décider le gouvernement allemand à une procédure si audacieuse et qui avait pour conséquence, à peu près fatale, l'intervention de l'Angleterre.

Ramassons l'ensemble de ces observations dans une conclusion qui paraît irréfutable. Ce sont les militaires qui, pour des raisons militaires, ont imposé ces graves initiatives diplomatiques et militaires. En revanche, les militaires prenaient l'engagement de frapper rapidement des coups décisifs. La guerre était leur œuvre : mais ils garantissaient la victoire immédiate. Jagow, d'ailleurs, a essayé de se disculper quand il prononça la fameuse phrase, qui est une précaution autant qu'un aveu : « Au conseil tenu à Potsdam, les militaires l'ont emporté sur les civils. » Dès le 1er août, on prenait position dans le duché du Luxembourg. Le plan militaire entrait en voie d'exécution. Tout le reste n'est que grimace diplomatique bonne à gagner du temps et à fournir les délais de l'accomplissement. Voyons donc les faits qui se produisent dans cette région : ils révèlent la conception qui présida à l'ensemble des événements.

On apprend bientôt que des armées allemandes s'organisent dans le Grand-Duché et le Luxembourg belge. Nous avons dit tout à l'heure, qu'au jour de la mise en marche, ces armées monteront au chiffre formidable de 600000 hommes. Des troupes de couverture, projetées sur le territoire français, ont pour mission unique de cacher ce qui se passe. Quelques combats, Dinant, Mangiennes, Spincourt, s'opposent aux incursions de la cavalerie française et aux reconnaissances s'efforçant de soulever le voile. Après le coup violent frappé à Liège, le silence se fait et les armées allemandes complètent leurs effectifs, se massent, attendent l'heure où le grand Etat-major les mettra en mouvement, c'est-à-dire jusqu'au 19.

C'est le 19 que l'armée von Kluck passe la Gette pour commencer le grand mouvement tournant qui, par Louvain et Bruxelles, doit déboucher sur la Sambre. Et c'est le 19 aussi que les armées du Luxembourg et des Ardennes se mettent en branle pour seconder cette manœuvre en se portant à la fois sur Longwy et sur la

Meuse, pour marcher au rendez-vous général donné aux trois armées allemandes sur la Marne ou la Seine.

Rappelons que les rencontres de l'Est ont lieu du 15 au 20 et que la bataille de Charleroi va se produire les 22 et 23 août. La simultanéité des contacts suffirait pour révéler l'ordre unique qui dirige les trois armées et que les armées du centre ont à exécuter, *pro parte*.

*

Raisons de l'offensive française dans les Ardennes

Quels sont les desseins du haut commandement français ? Peut-on croire que, quand il masse des forces si nombreuses dans cette région, sa pensée soit uniquement de surveiller les forces allemandes et de protéger une frontière menacée ? Non. La volonté des généraux français, résultant, à défaut de mille autres preuves, du décret publié un an avant la guerre et portant « Règlement de la conduite des grandes unités » est, ici comme partout, de prendre rapidement l'offensive, — ne serait-ce que pour porter la guerre si possible sur le territoire ennemi. Ce qu'on veut, selon les expressions du général Cherfils, c'est « une offensive ardente, résolue, *a priori*, à la fois dans la bataille et pour aller à la bataille dès l'ouverture des opérations. »

Mais cette offensive devait-elle se porter, d'abord, sur la frontière des Ardennes ? Ce point demande à être éclairci.

Pour une armée française se proposant de pénétrer en Allemagne, *tout en respectant la neutralité belge et luxembourgeoise*, les débouchés ne sont pas nombreux.

Le champ des opérations est forcément limité au front Longwy-Belfort. Mais la Lorraine annexée est couverte par les trois camps retranchés de Thionville-Metz-Strasbourg. En arrière, le Rhin fait barrière et, de toute façon, il faut franchir le fleuve. Le commandement français ayant Berlin pour objectif suprême, deux alternatives se présentent : ou occuper l'Alsace, se couler le long du Rhin, et franchir le fleuve vers Mayence ; ou suivre la Moselle et franchir le Rhin vers Coblentz ; la première de ces campagnes se heurte à Strasbourg ; la seconde à Thionville et Metz. Des deux côtés, les débuts sont rudes, mais il n'y a pas d'autre voie.

Entre ces deux alternatives le choix du haut commandement français s'était d'abord porté vers la première. La France étant décidée à respecter la neutralité belge et luxembourgeoise, ce projet s'imposait, pour ainsi dire, à lui. Dans ces conditions, la première bataille devait être recherchée, toutes forces réunies, en appuyant au Rhin la droite du dispositif général : et telle fut la conception qui présida, en effet, au début de la campagne.

Ainsi tout s'explique : la manœuvre d'Alsace, la marche en échelons des armées de l'Est, essayant de déboucher de la région des Étangs, la disposition en échelons refusés de droite à gauche de toutes nos armées s'appuyant l'une l'autre, et le soin avec lequel on garde en réserve la très importante 4ᵉ armée (Langle de Cary) qui doit devenir, au jour de l'offensive, la masse de manœuvre et, en se portant au point décisif, produire l'événement.

Tout à coup, on apprend que les armées allemandes ont violé les neutralités belge et luxembourgeoise. Elles occupent le grand-duché et ont enlevé Liège ; elles se massent derrière la Gette. On ne sait pas encore si elles allongeront leur aile tournante jusque vers la mer pour se rabattre sur la Sambre ou si elles déboucheront sur la Meuse ou même sur la Semoy.

Quoi qu'il en soit, il faut parer à tout événement.

Est-ce le moment de s'enfoncer en Allemagne en laissant la France et Paris à découvert ? Mais, d'autre part, faut-il renoncer au bénéfice de l'initiative et de l'offensive ?

Le haut commandement français prend rapidement les mesures qu'une *variante* de notre plan de mobilisation a prévues, en cas de violation de la neutralité belge : il ordonne le mouvement en oblique à gauche qui porte la 5e armée et toutes les réserves disponibles sur la Sambre ; la 4e armée se rapproche de la frontière pour combler le vide ainsi produit ; des forces empruntées à notre droite, c'est-à-dire aux armées de l'Est, viennent renforcer notre gauche, c'est-à-dire les armées de l'Ouest.

Mais ces dispositions nouvelles ont pour effet de déplacer l'axe de nos armées et, par conséquent, d'appliquer leur force de propulsion sur un autre point. Atteindre le Rhin par l'Alsace, par Strasbourg et par Mayence ne peut plus être l'objectif. Reste l'autre alternative. Puisque nos forces principales sont, maintenant, à proximité de Metz, pourquoi l'offensive ne se porterait-elle pas dans cette direction ? A la campagne du Rhin par Strasbourg et Mayence, on substituera le débouché par la Moselle en masquant ou en tournant Metz ou Thionville et en progressant, cette fois, vers Trêves.

Dans la situation donnée, ce plan présente aussi des avantages : d'abord, il garde une porte ouverte vers l'Allemagne ; deuxièmement, il menace de flanc les armées allemandes qui semblent progresser d'Est en Ouest pour se jeter sur la Meuse à travers la Belgique ; en troisième lieu, il maintient la liaison entre la masse de nos armées groupées vers les Ardennes et la 5e armée agissant sur la Meuse et la Sambre. De ces trois avantages, celui qui frappe pour le moment le commandement français, c'est la possibilité de se jeter sur le flanc de l'ennemi opérant en Belgique. N'est-il pas possible, puisqu'on occupe en forces la frontière du Luxembourg belge et du duché, de piquer droit au Nord, de déchirer le rideau de troupes tendu sous les ombrages des Ardennes et, en marchant soit sur Liège, soit sur Namur, de surprendre les armées allemandes en pleine course et de les couper de leur base d'opérations, Aix-la-Chapelle ? En un mot, foncer sur le centre des armées allemandes, tandis que nos armées les contiennent sur les deux ailes, d'une part en Lorraine, d'autre part sur la Sambre, tel est le nouveau projet du haut commandement français, projet que les faits et les ordres révèlent. On comprend ainsi l'importance que prend à ses yeux le front des Ardennes et des deux Luxembourg.

L'exécution de ce plan n'allait pas sans de grands risques : mais la situation était telle que, de toute façon, il fallait risquer quelque chose. Sans qu'on fût encore exactement renseigné sur l'importance des forces allemandes dans cette région, on en savait assez pour les deviner puissantes. Devrait-on les laisser choisir leur heure pour frapper le coup dont elles nous menaçaient, soit en achevant ce mouvement d'Est en Ouest qui les portait sur la Meuse, soit en se contentant d'une marche soudaine sur Verdun ?

L'une des plus grandes difficultés que devait rencontrer l'offensive française dans cette région tenait à la nature du pays. Qui dit « Ardennes » dit région boisée. Or le champ d'opérations qui se présentait, d'abord, aux armées françaises était, pour ainsi dire, un sous-bois continu. Les Allemands avaient singulièrement profité de l'avance que leur avait donnée l'occupation félonne du Luxembourg et de la Belgique : ils avaient tout organisé, tout repéré ; et puis, à la faveur des bois, ils avaient admirablement dissimulé la force réelle de leurs armées. C'était là la vraie « surprise » depuis longtemps méditée : « Nous arrivons à Somme-Thonne, premier village belge, dit le *Carnet d'un artilleur* ; une vieille femme nous raconte que voilà quelques jours, elle a vu un combat entre uhlans et chasseurs à cheval. Comme nous lui disons que, maintenant, notre présence doit la rassurer, elle nous répond : « Vous ne savez pas où vous allez ; les Allemands occupent le pays depuis quinze jours et se sont fortifiés... » Propos de bonne femme ! pensons-nous... C'était la vérité même. Le débouché dans ces bois devait présenter aux troupes françaises une difficulté presque insurmontable. Nous dirons comment la forêt devint, contre leur offensive, la complice de la surprise allemande.

Un autre désavantage pour les armées françaises tenait à l'insuffisante liaison entre les armées opérant dans les Ardennes et la 5e armée, détachée beaucoup plus au Nord sur la Sambre et Charleroi. Le simple examen de la carte révèle cette situation. Entre Fumay et Namur, un vide, un décrochement existait qui ne pouvait que tenter une audacieuse manœuvre ennemie. Or, ce trou est assez mal gardé : la division Bouttegourd (51e division de réserve) a bien reçu pour mission de relever, à partir du 21 août, le 1er corps (5e armée) pour la défense de la Meuse dans la région de Givet-Namur ;

le pont d'Hastières est bien tenu, même sur la rive droite, par une compagnie du 348e. La 52e division de réserve garde bien le secteur Givet-Monthermé. Mais ce sont là des forces tout à fait insuffisantes pour parer â une attaque en forces de l'ennemi, vers l'angle que fait la rencontre de la Meuse et de la Semoy.

Or, cette attaque, il la projette. Ce mouvement d'Est en Ouest que les avions et les renseignements ont signalé comme entraînant la plupart des corps allemands que l'on a pu repérer, ce mouvement porte la masse de ces troupes allemandes vers Dinant, vers Givet, vers Hastières, vers Haybes, vers Fumay. Elles sont destinées évidemment à appuyer le grand mouvement de von Klück ; elles l'accompagnent, le soutiennent, s'efforçant de couper les communications de notre armée de la Sambre ; tandis qu'une partie de ces armées reste sur place pour voiler le mouvement, les autres se hâtent, se hâtent ; arriveront-elles à temps pour couper, par ses derrières, l'armée Lanrezac ? Ce doute, ce risque n'est pas de ceux qui doivent préoccuper le moins le haut commandement français.

Mais la « surprise » allemande se révélera à lui par un danger plus grave encore, s'il est possible, à savoir la puissance même des armées massées dans cette régi, on. La neutralité belge et luxembourgeoise ayant abrité cette ruse, l'état-major français n'a pu percer complètement le mystère derrière lequel s'achevaient les préparatifs allemands. Les investigations de la cavalerie, les renseignements obtenus par avions et par d'autres voies, ont bien signalé la présence de sept corps allemands suivis de la Garde et précédés de quatre ou cinq divisions de cavalerie manœuvrant sur la rive gauche de la Rieuse. On a bien connaissance de la force des garnisons abritées dans les camps retranchés de Metz et Thionville. Mais, sait-on au juste ce que représentent les deux armées du kronprinz, du duc de Wurtemberg et, derrière, connait-on même l'existence de l'armée von Hausen ?

On n'ignore pas que le groupement du Luxembourg belge peut avoir trois corps (Garde, 19e, 12e et une division de cavalerie) ; on a appris, un peu tardivement d'ailleurs, que le groupement du Luxembourg-Thionville se compose de trois corps (8e, 18e, 16e) avec deux divisions de cavalerie. Les avions signalent la marche vers Saint-Hubert, ou encore dans la région de la Sure, de ces colonnes ennemies se portant d'Est en Ouest ; on a bien connaissance de fortes organisations allemandes derrière la Lesse entre Rochefort et Dinant ; nos avant-gardes se sont heurtées à des bivouacs ennemis vers Etalle, Neufchâteau, etc. L'opinion la plus répandue dans l'armée est que les forces allemandes, lancées sur le territoire belge, sont d'environ 14 corps ; sept au Nord de la Meuse et sept au Sud. Ce que l'on ignore encore, c'est que les 14 corps actifs sont doublés d'autant de corps de réserve, — corps de réserve dont l'ennemi avait soigneusement dissimulé l'existence et dont les récentes publications allemandes nous permettent maintenant d'affirmer la présence sur les lieux. Von Hausen, dont l'armée est à peine reconnue, a, au moins, un corps de réserve nouveau ; Wurtemberg en a deux ; le kronprinz en a trois et deux corps actifs (le 5e et le 13e) en plus que ceux qui ont été signalés. Sept ou même huit corps nouveaux, telle est donc la « surprise » que les combinaisons du grand Etat-major allemand nous ont réservée.

Il faut ajouter, d'ailleurs, à l'éloge du haut commandement français, que s'il ignore, peut-être, ce qui fut ignoré de tout le monde, il n'en oppose pas moins, sur l'ensemble du front belge (Sambre, Meuse et Semoy), y compris l'armée belge et l'armée britannique, aux vingt-cinq corps d'armée allemands la valeur de vingt-deux corps alliés : de façon que, s'il y eut « surprise » sur certains points, dans l'ensemble les forces opposées ne furent pas véritablement disproportionnées.

Résumons en quelques lignes la situation et les projets des deux armées qui s'opposent sur le front des Ardennes à la date du 19 août, jour où, d'un mouvement simultané, elles vont à la rencontre l'une de l'autre : 14 corps d'armée allemands sont en face de 12 corps d'armée français. Les Allemands ont constitué cette armée du centre, non seulement pour caser leurs nombreux effectifs, mais pour prendre, à gauche de l'armée von Klück, le pas du mouvement et pour déboucher ainsi par Verdun sur la Marne et la Seine : ces marches, « qui utilisent tous les réseaux routiers » et qui se combinent avec celle du prince héritier de Bavière, constituent la fameuse « manœuvre concentrique. »

Les Français se sont établis sur la frontière pour la défendre. Mais, voyant le nuage qui s'amasse de ce côté, le haut commandement se décide à se porter en avant pour briser le centre allemand : on espère le prendre en flagrant délit au moment où il prononce sa marche de flanc. Si cette offensive réussit et si on parvient à couper les armées allemandes, on essaiera de les rejeter, d'une part sur la mer du Nord, d'autre part sur la route de Trêves où une poursuite vigoureuse retrouvera le débouché du Rhin.

Préparatifs de la lutte.

Les deux armées étant en présence, les directions générales de leur action étant connues, voyons comment il fut procédé à l'exécution.

Comme nous l'avons vu, l'initiative et l'offensive appartiennent aux armées françaises ; mais elles se heurtent aux armées allemandes, elles-mêmes en mouvement. Donc, de part et d'autre en partie, il y a eu manœuvre, en partie il y a eu rencontre.

La manœuvre allemande, telle que les faits la révèlent, est assez complexe. Comme nous l'avons indiqué, elle se déclenche, à la date du 19, en même temps que les armées de von Klück et de von Bülow se sont mises en mouvement.

Imaginez un large éventail posé sur toute la Belgique et ayant la poignée vers Thionville. Il s'ouvre de telle sorte que ce sont les formations les plus voisines de la mer qui font le grand tour et, comme on dit, l'aile marchante. Au fur et à mesure que l'éventail s'ouvre, les parties plus rapprochées du pivot accompagnent le mouvement et y prennent part. Successivement de nouvelles armées emboîtent le pas. L'armée de von Klück passe par Bruxelles et Louvain et elle entraine sur sa gauche l'armée von Bülow.

Il semble que, dans le plan originaire, ces deux armées devaient être directement en liaison avec l'armée du duc de Wurtemberg opérant sur les Ardennes, et que celle-ci devait rejoindre l'armée von Bülow quand elle serait arrivée à la hauteur de Givet. Mais un événement a troublé ce bel ordre de marche : la 5e armée française (général Lanrezac) a été portée avec une rapidité extrême sur la Sambre. Un vide s'est fait entre l'armée Bülow, maintenue au Nord de cette rivière, et l'armée du duc de Wurtemberg, retenue dans le Luxembourg belge. Pour combler ce vide, une armée tenue en réserve dans le camp des Trois-Vierges, l'armée von Hausen, arrive à marches forcées ; elle ne bouchera la fissure et ne s'alignera avec l'armée von Bülow à sa droite et avec l'armée du duc de Wurtemberg à sa gauche, qu'en pleine bataille, après le 23. Ceci a une grande importance.

Quant à l'armée du duc de Wurtemberg, elle a glissé du duché de Luxembourg vers le Luxembourg belge et vers la Meuse à partir du 19, pour se joindre au grand mouvement d'ensemble. Elle est en marche quand l'offensive française se produit.

L'armée du kronprinz se met aussi en mouvement, mais elle marque encore le pas pour ne pas aller trop vite : elle a d'ailleurs un objectif particulier. Le rôle de cette armée est ainsi exposé dans deux textes allemands : « L'armée du kronprinz se porta en avant le 22 août sur Longwy pendant que l'armée française marchait en plusieurs colonnes en partant de la ligne Virton-Tellancourt-Beuveille-Mercy-le-Haut-Landres. *On en vint aux combats de rencontre ; la première rencontre* entre les deux armées eut lieu sur la ligne générale Virton-Audun-le-Roman. » Et l'autre texte non moins explicite : « La Ve armée était commandée par le kronprinz allemand ; le rôle assigné à cette armée était, tout d'abord, de maintenir de puissantes forces ennemies entre Verdun et Toul, ensuite d'assiéger Montmédy, Longwy et Verdun. » Il s'agit donc de *plusieurs sièges* ; les combats qui se produisent sont des *combats de rencontre*. Rien ne sent moins la grande conception tactique et la manœuvre. Si j'ose dire, on pelote en attendant partie ; on se réserve pour l'heure où le grand mouvement sera en pleine exécution selon le plan stratégique qui domine toutes ces actions particulières.

En attendant, l'armée du kronprinz déblaie sa route ; elle compte enlever Longwy par un coup vigoureux, puis se porter sur Verdun qu'elle assiégera ou masquera, et, alors, d'après les calculs, l'heure sera sonnée (vers le 4 ou 6 septembre) où ses forces intactes, soudées à celles du duc de Wurtemberg, soudées elles-mêmes à l'armée de von Hausen, soudée elle-même à l'armée de von Bülow, se joindront au mouvement en éventail et déboucheront vers Bar-le-Duc pour attaquer en force le centre et l'articulation des armées françaises.

Comme ces indications reposent sur des faits *qui se sont accomplis*, ils ne laissent guère de place au doute. L'armée du duc de Wurtemberg et l'armée du kronprinz étaient réservées dans la région des Ardennes, non seulement parce qu'elles laissaient au grand mouvement von Klück le temps de s'accomplir, mais parce que leur intervention inattendue devait produire l'événement.

*

Les douze combats des Ardennes

Voici ce qui se passa :

A partir du 19, la 4e et la 3e armée française furent averties qu'elles avaient à prendre l'offensive. Le 20 et le 21, des marches d'approche les portent sur la frontière : elles la dépassent et, le 21 au soir, les avant-gardes ont franchi la Semoy et les gros se sont massés approximativement sur la frontière et un peu au-delà, sauf à l'Ouest où la 3e armée replie son bras droit à partir de Longwy et présente un front Longuyon, Pierrepont, Xivry, Bois d'Etain, laissant à l'ennemi la région de Landres et de Briey.

La forme des armées ennemies à cette même date représente une sorte de fer de lance dirigé vers la Meuse et dont l'épaisseur se renforce au fur et à mesure qu'on remonte vers l'Est. La pointe est à Bièvre ; deux lignes la déterminent : celle du Nord suit la trace de l'armée von Hausen qui arrive de Saint-Hubert, Bastogne, Allerborn, celle du Sud suit le front Bièvre-Paliseul-Bertrix-Neufchâteau-Rossignol-Etalle-Tintigny-Tellancourt-Nord de Longwy-Differdange-Bazailles-Landres-Briey. L'intervalle de ces deux lignes est comble de troupes ; et ces troupes seront sans cesse renforcées par celles qui débouchent de Thionville et de Metz.

Le 22 au matin, la 4e et la 3e armée française poursuivent leur mouvement. Elles ont ordre de marcher droit au Nord et d'attaquer l'ennemi partout où on le rencontrera. Le temps est couvert, brumeux ; sur certains points, le brouillard est si épais que les servants du caisson ne voient pas la tête des chevaux d'attelage. Dès l'aube, la fusillade et la canonnade commencent et se répercutent d'un bout à l'autre de l'immense champ de bataille. De l'Ouest à l'Est douze combats sont livrés dans la seule journée du 22.

Ces combats sont les suivants :

Premier combat : *Combat de Maissin-Paliseul*. Le 9e corps et le 11e corps français ont passé la Semoy et sont aux prises avec l'aile droite de l'armée du duc de Wurtemberg, VIIIe actif, VIIIe réserve et droite du XVIIIe actif. La cavalerie française est repoussée de Gédinne. Après un combat très dur à Maissin, l'armée française reste maîtresse de Paliseul.

2e et 3e combats. *Combats de Jéhonville-Bois de Luchy-Bertrix*. — Le 17e corps français est aux prises avec le XVIIIe actif et une partie du XVIIIe réserve allemand. Il tient sur Jéhonville, Assenois, mais sa droite est écrasée au bois de Luchy. La 33e division se replie en désordre sur Bouillon.

Combats de Névraumont-Saint-Médard-Straimont. — Le 12e corps, parti de Florenville, se porte vers Neufchâteau ; il a débouché sans pertes au Nord de la forêt d'Herbeumont. Il dépasse Saint-Médard et monte jusqu'à hauteur de Petitvoir et Rossard. Mais il est attaqué par le XVIIIe corps actif et une partie du XVIIIe de réserve. Vers Izel-Jamoigne, sur le flanc droit une vigoureuse action combinée du 12e corps et du corps colonial maintient l'ennemi, et le 12e corps reste maître du champ de bataille.

4e : *Combat de Neufchâteau.* — La brigade Goullet, du corps colonial se heurte, en vue de Neufchâteau, à des forces allemandes appartenant au XVIIIe corps de réserve. Combat de rencontre extrêmement dur. La brigade française n'a pu prendre Neufchâteau, mais elle couche sur ses positions.

5e et 6e : *Combats de Rossignol-Saint-Vincent-Tintigny-Izel-Jamoigne.* — Un décrochement sensible s'est produit entre le 12e corps et le corps colonial (général Lelevre) qui marche à sa droite ayant reçu l'ordre de se porter sur Neufchâteau : tandis que la brigade Goullet est accrochée à gauche, la 3e division du corps colonial se bat face à droite contre le VIe corps actif. Une lutte terrible qui dure toute la journée écrase la 3e division coloniale à Saint-Vincent-Rossignol. Le combat se poursuit avec la 2e division coloniale (général Leblois) à Izel-Jamoigne-Tintigny, qui protège la retraite du corps colonial, s'opérant sur Gérouville. L'examen de la carte et la distance qui sépare Neufchâteau de Gérouville, 15 à 20 kilomètres, donne l'idée de la gravité de l'échec.

7e : *Combat de Meix-devant-Virton.* — Le 2e corps (général Gérard) débouche de Somme-Thonne et de Villers-la-Loue. Il pousse devant lui des élémens du Ve corps allemand jusqu'à la cote 250 (le Hayon) ; puis, faisant face à droite (puisque toutes les attaques allemandes viennent de droite, établit vigoureusement sa liaison avec le 4e corps (5e armée), se maintient à la ferme d'Houdrigny et, le soir, se consolide par une vigoureuse contre-attaque dans Virton qui avait été occupé dès le matin par le 4e corps.

Combats de la 3e armée. 9e et 10e. *Combats de Virton et d'Ethe.* — A gauche de la 3e armée, le 4e corps, en liaison avec le 2e corps de la 4e armée, s'est porté sur Virton dans la matinée du 22. Vif combat d'avant-garde à Virton livré par la 8e division aux forces du Ve corps actif et du Ve réserve allemand. Virton est pris dès le matin, et, après un rude combat, reste dans la soirée aux mains du 4e corps, qui a combiné son effort avec celui du 2e corps.

Mais, à droite, la 7e division (général de Trentinian), après un combat d'avant-garde dans Ethe, est obligée de céder et de se replier sur La Tour-la Malmaison. Le village d'Ethe reste inoccupé pendant la nuit du 22 au 23 et, le lendemain 23, est le théâtre des plus abominables massacres de la part de l'armée allemande : les blessés sont brûlés vivants dans les hôpitaux. A la suite de ses engagements contre le 4e corps français, le Ve corps allemand est tellement éprouvé qu'il disparaît du front pendant quinze jours.

11e : *Combat de Longwy.* — Longwy est un nœud important dans les opérations de l'armée du kronprinz ayant contre elle le 5e et le 6e corps français, et en plus les divisions de réserve composant maintenant l'armée de Lorraine Les forces allemandes mises en avant le 19 se sont portées au siège de Longwy et ont installé, dès le 20, de l'artillerie lourde à Differdange., Des troupes appartenant au XIIIe corps allemand se sont portées en avant pour enserrer la place jusqu'à la redoute de Bel-Arbre et Cosnes.

Notre 5e corps (général Brochin) se met en mouvement et se heurte à ces troupes. La 9e division à gauche ne tient pas et se replie sur Longuyon. La 10e division à droite combat plus vigoureusement en liaison avec le 6e corps, mais reçoit l'ordre de se replier vers midi. Le contact avec Longwy est perdu de ce côté.

12e combat : *Combats de Bazailles-Xivry-Fillières.* — Mais le 6e corps (général Sarrail) tient solidement sur l'extrême droite. Il écrase les formations du XVIe corps allemand dans Fillières. Cependant, le manque de liaison avec les divisions de réserve le met en une situation délicate à la fin de la journée du 22, les Allemands menaçant sa droite par Spincourt sur l'Othain ; le général Sarrail, se maintenant sur le champ de bataille, s'organise, en fin de journée, sur la forte position d'Arrancy.

Ainsi, la journée du 22, journée principale de la *Bataille des Ardennes*, a donné des résultats alternatifs suivant les corps. Succès à l'aile gauche et à l'aile droite, fléchissement au centre par les graves incidents qui arrêtent l'offensive générale des deux armées. Cependant, le centre lui-même s'est maintenu vigoureusement au 12e corps, au 2e corps, au 4e corps.

Les armées allemandes ont été surprises elles aussi. Malgré leurs succès, elles hésitent à se sentir victorieuses. Pas de poursuite de leur part. La plupart des villages que nous avons abandonnés ne sont pas immédiatement occupés.

Aussi les chefs français inclinèrent d'abord à reprendre l'offensive pour le lendemain 23. Mais la lassitude des troupes, les lourds sacrifices qui leur ont été imposés, surtout le repli précipité de certains corps qui a rompu la ligne de front, l'ensemble des circonstances finit par imposer au commandement l'abandon de l'offensive, et bientôt il prend le parti de la retraite sur des positions meilleures.

Cette retraite s'accomplit en deux temps, d'abord sur la Semoy, la Chiers, l'Othain, la Crusnes. Et en deuxième ligne, après un arrêt sur la Loison, elle se porte sur la Meuse. Ce second mouvement est décidé le 24 au matin : il s'accomplit dans les journées du 24 et du 25.

La double retraite face à l'ennemi donne lieu à de vigoureux combats en « coups de boutoir » qui contiennent l'adversaire et confirment chez les troupes le mordant qu'elles n'ont, d'ailleurs, jamais perdu. Ce sont les combats de Carlsbourg, Vivy-Chairière, livrés le 23 parle 9e corps, la 60e division de réserve et le 11e corps ; les combats d'Izel-Jamoigne-Pin, livrés le 23 août par le 12e corps et la 2e division du corps colonial ; le combat de Carignan-Mont des Tilleuls livré, le lendemain 24, par le 17e corps et le 12e corps en deçà de la frontière française, le combat de Marville, livré par le 4e corps, les combats de l'Othain Arrancy-Petit-Xivry-Spincourt, livrés le 24 par le 5e et le 6e corps ; enfin le glorieux combat d'Etain, livré, le 25 par l'armée de Lorraine qui écrase la 33e division de réserve allemande, et accroche solidement, dans cette région, le *pivot* qui maintient la 3e armée.

Ces combats achèvent la Bataille des Ardennes proprement dite. Ils lui donnent son véritable caractère, de même que la bataille de la Trouée de Charmes ne fait qu'un en quelque sorte avec les journées de Dieuze et de Sarrebourg.

Le 25 au soir, la Bataille des Ardennes est terminée. Et, à partir de cette date, le commandement français prend ses dispositions pour livrer la bataille de la Meuse qui déjà va préparer le revirement de la fortune.

*

Caractéristiques tactique et stratégique de la bataille des Ardennes

Nous en tenant, aujourd'hui, à la Bataille des Ardennes, nous essaierons d'indiquer maintenant ses résultats stratégiques et tactiques, et aussi les leçons qui, de ces premières rencontres, se dégagèrent pour le commandement français. Si le mot n'était pas trop ambitieux, nous dirions que nous allons essayer comme une première « philosophie » de ces événements.

Les armées françaises qui se sont portées dans le Luxembourg belge ont été obligées de renoncer à leur offensive ; elles ont dû reculer et abandonner la défense de la frontière. En revanche, les armées allemandes qui opéraient dans le grand-duché de Luxembourg et le Luxembourg belge ont supporté le choc, puis elles se sont portées en avant, elles ont refoulé les armées françaises, les ont rejetées derrière la Meuse, et ce n'est pour celles-ci que la première étape d'une retraite qui va se généraliser sur tout le front.

De part et d'autre, les sacrifices ont été grands. Mais les armées allemandes sortent de ces journées avec le sentiment de la victoire et la confirmation de leur foi dans leur supériorité et surtout dans la supériorité du commandement. Les armées françaises ont l'impression de la défaite.

Pour les corps qui ont le plus souffert, la question ne se pose pas ; leur perte est sans compensation ; sur eux, dans ces journées douloureuses, un vent de découragement a soufflé. Combien de braves sont morts désespérés, combien de blessés ramassés sur le champ de bataille et emportés soit dans les hôpitaux de l'intérieur, soit comme prisonniers dans les camps allemands, ont eu le sentiment que leur sacrifice avait été vain et que les choses recommençaient « comme en 1870 ! »

Inutile de citer les nombreux témoignages déjà publiés qui révèlent cet état d'âme. Le langage des combattants est âpre et violent, parce que les sentiments ont été sincères et l'émotion profondément douloureuse. L'exagération d'un désespoir trop prompt doit apprendre surtout à ne pas désespérer si vite.

Un des chefs, et non des moins énergiques, dépeint dans ces termes l'état de fatigue des troupes ; on sentira dans son langage la chute soudaine du rêve à la réalité. Le télégramme est daté du 25 : « Après les combats qu'elles viennent de soutenir, les troupes sont épuisées par quatre jours de lutte. Ce qui diminue momentanément la valeur de ces troupes dont le moral serait excellent si elles pouvaient se reprendre en se reposant et en dormant, c'est le manque d'officiers. La plupart des régiments comptent à peine une vingtaine d'officiers. Je crois de mon devoir de vous dire ce que j'estime être la vérité... J'ajoute que dans les diverses rencontres avec l'ennemi chacun a fait tout son devoir. »

Les communiqués essaient naturellement d'atténuer cette impression :

Communiqué du 24 août, 23 heures : « A l'Est de la Meuse, nos troupes se sont portées en avant à travers un pays des plus difficiles. Vigoureusement attaquées au débouché des bois, elles ont dû se replier, après un combat très vif, au Sud de la Semoy... Du fait des ordres donnés, la lutte va changer d'aspect pendant plusieurs jours ; l'armée française restera pour un temps sur la défensive ; au moment venu, choisi par le commandant en chef, elle reprendra une vigoureuse offensive. Nos pertes sont importantes ; il serait prématuré de les chiffrer ; il ne le serait pas moins de chiffrer celles de l'armée allemande qui a souffert au point de devoir s'arrêter dans ses mouvements de contre-attaque pour s'établir sur de nouvelles positions. »

Et le communiqué du 25 :

« Sur le front Est de la Meuse, par ordre du général en chef, nos troupes ont regagné leurs emplacements de départ en maîtrisant les débouchés de la grande forêt d'Ardenne. Plus à droite, nous avons pris une vigoureuse offensive en faisant reculer l'ennemi. Mais le général Joffre a arrêté la poursuite pour rétablir les lignes qu'il avait assignées avant-hier sur le front de bataille. Dans cette offensive, nos troupes ont montré un admirable entrain. Le 6e corps a notamment fait subir à l'ennemi, dans la région de Virton, des pertes considérables. »

Au point de vue matériel comme au point de vue moral, la « Bataille des Ardennes » fut une défaite française. En recherchant les causes de cette défaite et en nous élevant successivement du point de vue tactique au point de vue stratégique, nous verrons si elle fut sans contre-partie et sans compensation.

Des causes de la défaite, les unes sont générales, les autres locales, les unes matérielles, les autres morales ; il en est que l'on ne peut séparer de l'ensemble des conditions qui présidèrent à la préparation de la guerre, il en est qui tiennent au commandement ; il en est qui viennent des dispositions du soldat jeté si soudainement dans la mêlée.

Sur les défectuosités de la préparation générale, il n'y a pas lieu d'insister ici : elles ne s'appliquent pas, en particulier, à la bataille des Ardennes. L'*Exposé de six mois de guerre* — document semi-officiel — les indique en ces termes dans la partie qui se rapporte spécialement à ces rencontres :

« Le 21 août l'offensive commença au centre avec dix corps d'armée. Le 22 elle ne réussit pas, et ce revers sembla sérieux. Ses raisons sont complexes. Il y eut des fautes individuelles et collectives dans cette affaire : des imprudences commises sous le feu de l'ennemi, des divisions mal engagées, des déploiements téméraires et des retraites précipitées, un gaspillage prématuré d'hommes et finalement insuffisance de certaines de nos troupes et de leurs chefs en ce qui concerne l'emploi de l'artillerie et de l'infanterie. En conséquence de ces erreurs, l'ennemi, profitant de la difficulté du terrain, put tirer le maximum de profits et d'avantages que lui donnait la supériorité de ses cadres subalternes. »

Le général Ruffey, dont l'autorité est hors de pair, observait, en effet, que depuis le commencement de la campagne les consommations de munitions d'artillerie avaient été en général trop faibles. « L'artillerie tire peu, disait-il, parce qu'elle ne voit rien. Or ce serait une grave erreur de croire que cette absence d'objectifs visibles doive être une cause d'abstention de la part de l'artillerie. En réalité pour procéder à une offensive sur un point choisi, la préparation de l'attaque de l'infanterie doit être faite en battant systématiquement la position attaquée sur une longueur et une profondeur déterminées en raison de l'importance de l'attaque et de l'organisation du point attaqué. Ce tir doit être commencé dès que l'infanterie prend sa formation de combat et continué jusqu'au moment où l'abordage va se produire. De même, dès qu'un indice quelconque révèle la présence de l'artillerie ennemie en arrière d'une crête ou sur un point caché, un tir en profondeur doit se produire de manière à dominer cette artillerie, dût ce tir être exécuté à de très grandes distances. Exécuté par zones avec nos puissants explosifs, il atteindra souvent le résultat cherché. » La note faisait observer aussi que notre infanterie ayant beaucoup souffert du feu des mitrailleuses ennemies, il fallait, par tous les moyens, tâcher de déterminer les emplacements de celles-ci et les détruire par le canon. Souvent cachées dans des caponnières, elles peuvent être prises à partie même par des pièces isolées.

En vue des rencontres qui allaient se produire sur la Meuse, des instructions spéciales visaient l'emploi de méthodes nouvelles pour l'artillerie : au cas où l'armée serait amenée à se replier sur la rive gauche de la Meuse, on recommandait, *dès le 25*, le plus large emploi de l'artillerie pour disputer à l'ennemi le passage de la rivière. On signalait l'importance nouvelle qu'allait prendre l'artillerie lourde : les canons de 120 long devront être employés à battre à grande distance les points où l'ennemi pourrait tenter de jeter des ponts. Les canons courts seront placés de façon à battre l'ennemi pendant le passage. Le canon de 75 sera plus particulièrement employé au flanquement du front et pour battre les abords immédiats de la rivière. Les emplacements de batterie devront être reconnus avec le plus grand soin et des épaulements solides construits partout où ce sera nécessaire.

L'ensemble de ces observations suffit pour établir de graves défectuosités dans la liaison des armes et notamment dans l'emploi de l'artillerie au début de la campagne ; mais elles montrent aussi la souplesse du génie français et sa faculté d'adaptation aux nécessités nouvelles. En moins de quatre jours, la vraie doctrine se dégage. Les Allemands ont, certes, une préparation plus complète, mais cette avance sera vite regagnée. Le général Bon, qui commandait l'artillerie d'un des corps, donnait à l'exposé de ces combats cette conclusion : « Sauf des engagements d'avant-garde pénibles, les pertes avaient été légères ; l'artillerie était absolument intacte, les servants pleins de confiance en leur canon. Les officiers étaient confirmés dans leur méthode de tir et de combat. N'ayant eu presque ni tués ni blessés, tous se croyaient invulnérables. Les troupes d'infanterie avaient gardé le moral le plus solide. » Une constatation à peu près générale dans les deux armées, c'est que l'artillerie ennemie prodigue les munitions sans faire un mal proportionné : « Une chose nous fait plaisir, écrit un jeune officier d'artillerie, c'est la quantité énorme de projectiles dépensés par les Allemands et l'inefficacité relative de leur tir… Nous devons profiter des enseignements de ce premier jour de bataille. »

L'armée française avait eu de ce chef, une double surprise, celle du rôle joué par l'artillerie lourde et celle du nombre et de l'emploi des mitrailleuses.

Pour ce qui concerne l'effet de l'artillerie lourde, on peut s'en tenir à l'appréciation d'un homme de guerre aussi intelligent et expérimenté qu'est le général Malleterre : « J'ai l'impression, partagée par mes officiers, que ce sont les shrapnells allemands qui ont fini par avoir raison du moral des hommes, non point tant par les pertes qu'ils ont fait subir que par l'énervement d'une pluie incessante et serrée de projectiles. Depuis l'aube jusqu'à midi, le ciel étant saturé des petits nuages gris des explosions, les balles et les éclats tombent comme la grêle sans interruption sur tout le champ de bataille. Après les gros obus de la journée du 22, l'artillerie de campagne allemande nous a montré qu'elle avait des munitions à profusion, qu'elle tirait sans compter pour ouvrir le chemin à son infanterie. C'est un procédé auquel il faudra s'habituer et notre artillerie saura y répondre. »

L'impression des artilleurs eux-mêmes était plus satisfaisante encore : c'était celle d'une sorte de sécurité. Un spécialiste, le général Bon, prend à son compte l'assertion d'un journal russe : « On entend souvent dire que l'artillerie ennemie cause des ravages énormes dans nos rangs. Ce n'est pas exact. Les plus grosses pertes sont causées non par le feu de l'artillerie, mais par le feu de la mousqueterie et par celui des mitrailleuses. Les marmites ont une action morale extraordinairement puissante ; elles écrasent les forces psychiques du soldat, mais causent, en somme, peu de pertes en tués et blessés. L'effet destructif n'est nullement comparable à celui de notre 75. »

Et le général cite un fait qui, s'appliquant à la journée du 27, ne vise pas moins toute la série des combats engagés sur cette frontière : « C'est ainsi que, le 27 août 1914, pour défendre le passage de la Meuse, toutes nos batteries avaient été dans l'obligation de s'établir sur le versant exposé aux vues de la rive où l'ennemi était installé... Les capitaines s'installèrent avec la conviction qu'ils étaient appelés à se sacrifier. Je mets en fait que, si les Allemands avaient eu des canons et des artilleurs comme les nôtres, nous n'aurions pas pu rester une heure en batterie sans être écrasés. Sur les quinze batteries qui étaient ainsi exposées, une seule fut obligée de cesser le feu. Les autres ne subirent que des pertes insignifiantes. En revanche, les effets du 75 sur les colonnes ennemies étaient au moins aussi meurtriers que ceux des fusils et des mitrailleuses... »

Nous n'insisterons pas sur la valeur démontrée du 75 français. On peut dire que, dès les premiers engagements, il se subordonne entièrement le 77 allemand. Nous n'avons appris que longtemps après les effets du canon français dans ces combats de l'Ardenne, à Neufchâteau, à Rossignol, à Virton, à Fillières. Le général Bon avait raison, plus peut-être qu'il ne le croyait lui-même, lorsqu'il terminait ses observations par cette phrase : « Je suis convaincu que notre artillerie, pendant la première période de la campagne, a mis hors de combat au moins autant d'Allemands que la mousqueterie. »

L'habile usage que les Allemands ont fait de la mitrailleuse et l'impression produite sur nos troupes sont parfaitement décrits dans un compte rendu inédit de la marche du 12ecorps : « La première prise de contact fut impressionnante et meurtrière. L'infanterie partit à fond. Elle se heurta à des cyclistes avec mitrailleuses, qui reculent dès qu'on approche, mais non sans nous avoir infligé des pertes, et ce jeu recommence. Peu à peu la troupe perd son entrain et hésite à renouveler ces assauts sanglants. Le capitaine T…, avait une section de mitrailleuses très bien exercée et dont il était très fier. On gravit une colline. Arrivés à la côte, détachements français et allemands s'aperçoivent. La section de mitrailleuses françaises fut détruite avant d'avoir tiré un seul coup. » La préparation allemande, renseignée par le rôle des mitrailleuses dans la guerre russo-japonaise, avait été poussée à fond et jusqu'à la minutie. La hardiesse, la témérité françaises s'exposaient aux coups de ces redoutables engins sans que les précautions nécessaires fussent prises. La mitrailleuse fut, par excellence, l'arme d'arrêt contre la *furia francese*.

Tous les témoignages sont d'accord pour signaler, au moins au début, la pénurie des avions français. L'Allemagne, au contraire, entrait en compagnie avec 1500 avions. Nous allons revenir sur la question des « renseignements. M Mais, en ce qui concerne la découverte immédiate, le service de l'aviation, remarquablement organisé du côté allemand, le fut à peine, au début, du côté français.

Le lieutenant d'artillerie Robert Deville, l'auteur de *Virton-La Marne*, ne fait que confirmer par son témoignage le sentiment de l'armée entière. L'incident se passe à Houdrigny-Virton : « Les avions allemands ont déployé une grande activité pendant toute cette journée, signalant les objectifs aux artilleurs en laissant tomber des fusées. Par contre, pas un appareil français, du moins dans notre secteur, ne s'est montré… » Quelles que soient les raisons que l'on apporte pour expliquer cette infériorité momentanée d'une arme que l'on avait crue essentiellement française, l'armée eut cette impression. Partout, c'est le même cri : « Encore les avions boches ! » Et on cherche dans le ciel les avions français qui n'apparaissent pas. Pour le réglage des tirs d'artillerie, le résultat est désastreux. A peine une formation française est-elle en position qu'un avion la survole ; il fait un signal et les obus arrivent : le travail contraire se fait rarement. Ici encore, la préparation allemande a pris de l'avance.

De l'ordre tactique et de la nature du pays.

Le sort de la « Bataille des Ardennes » fut particulièrement influencé par la nature du terrain : elle fut éminemment une bataille de sous-bois. Routes peu nombreuses et mal percées, issues difficiles, défilés redoutables, vues insuffisantes, peu de découverte, et, par-dessus tout, liaisons extrêmement laborieuses.

L'art militaire connaît la manœuvre en plaines, la manœuvre en pays accidenté, même la manœuvre en montagnes ; il s'est peu occupé de la manœuvre sous-bois. Peut-être un génie créateur eût-il su appliquer, à ces conditions exceptionnelles, une méthode spéciale et des combinaisons imprévues. Il faut bien reconnaître que cette sorte d'ingéniosité sans parler des intuitions du génie ne paraît pas s'être révélée, ni dans un camp ni dans l'autre, au cours de la « Bataille des Ardennes. » Les deux forces marchèrent l'une contre l'autre et s'étreignirent dans des combats de rencontre qui furent surtout de terribles corps à corps.

Cependant, même pour ces duels de choc, les armées françaises furent dès le début en mauvaise posture. Il suffit de jeter un coup d'œil sur la carte et sur la distribution des forces françaises à l'égard des forces allemandes, la veille des engagements, pour remarquer que le tracé de la frontière impose aux premières une disposition en oblique Nord-Ouest — Sud-Est. Les corps s'échelonnent selon cette ligne oblique et ils forment en quelque sorte un escalier dont le degré supérieur est vers Givet, tandis que le degré le plus bas est vers Étain. Mais c'est un escalier renversé.

Il résulte de cette disposition que, ayant reçu tous également l'ordre de se porter « droit au Nord, » les corps d'armée montent comme s'ils grimpaient une échelle à l'envers, formant non une ligne de front face à l'ennemi, mais une disposition en zigzag qui lui présente le flanc. Au moindre retard d'un de ces corps, un décrochement peut se produire entre lui et l'échelon voisin. Alors la liaison est compromise. En revanche, au moment où les combats s'engagent, l'ennemi s'avance, comme nous l'avons vu, d'Est en Ouest avec une légère inclinaison au Sud. Il se trouve ainsi porté, pour ainsi dire naturellement, à *entrer* dans le flanc échelonné que lui présentent les forces françaises.

En fait, les attaques allemandes se produisent presque toujours à l'improviste et *toujours* sur notre flanc droit. Ce fut là, sans doute, la plus grave cause de nos échecs. Les corps lancés en avant et parfois décrochés par leur mouvement même, étaient pris par la racine, ils étaient coupés des corps voisins, coupés de leurs communications et l'élan même des troupes était préjudiciable au succès général. Ainsi il en arriva au 17e corps, qui se plaignit lie ne pas être protégé à droite ; ainsi à la brigade Goullet qui, à Neufchâteau, attendit la 3e division coloniale ; ainsi au 12e corps qui fut attaqué par Izel-Jamoigne, tandis que son avant-garde se repliait de Rossart ; ainsi au 6e corps, dont l'élan fut brisé par l'attaque subite se produisant sur Spincourt.

La même cause produisit partout les mêmes effets. On peut admettre, encore une fois, qu'une manœuvre plus complexe, profitant de l'abri des bois, — qui, au contraire, nous desservit, — eût cherché, sur la vaste ligne d'attaque, le point faible de l'ennemi. Ce point faible eût pu être déterminé assez-facilement : en raison de la marche de ces colonnes que les avions signalaient, il était évident que l'armée von Hausen n'avait pas encore occupé la place qui lui était assignée le 22, quand les premiers engagements se produisirent. A cette date, entre l'armée du duc de Wurtemberg et la Meuse, il y avait un trou. Peut-être eût-on pu profiter de cette circonstance pour lancer une attaque vigoureuse de ce côté, tandis que le reste de l'armée eût exploré soigneusement le terrain et se fût tenue sur une demi-défensive. Nous verrons tout à l'heure que l'initiative française obtint, de ce côté, des résultats stratégiques importants ; peut-être le succès tactique eût-il été le même, si, pour l'offensive des deux armées, une « manœuvre » eût été substituée à cette marche en avant « droit au Nord, » un peu simpliste en son principe, et d'une exécution infiniment complexe et difficile en raison de l'obstacle des bois.

Du côté allemand, l'initiative tactique paraît moins résolue et moins calculée encore. L'heure de la grande manœuvre stratégique conforme aux idées Schlieffen n'est pas sonnée : on n'en est qu'aux préliminaires. Il est vrai, qu'à la date du 19, un ordre général a mis en mouvement toutes les armées opérant en territoire belge. Celles du centre (pour ne citer que celles-ci) se sont ébranlées ; mais, sauf le mouvement qui les porte sur la Meuse pour accompagner celui de von Klück, leur objectif immédiat est de plus courte portée. Tandis que le kronprinz déblaie sa route dans la direction de Verdun, le duc de Wurtemberg s'étend vers la Meuse, tout en protégeant le front, et von Hausen s'efforce d'arriver à temps pour boucher le trou entre le duc de Wurtemberg et l'armée de Bülow ; et il n'arrive pas à temps. La bataille qui s'engage ainsi présente, sur toute l'étendue de l'immense front, quelque chose de disloqué et de fragmentaire ; chaque incident tactique a son importance, mais une conception tactique générale paraît absente : du moins, elle est difficile à découvrir.

L'armée allemande a eu le temps de reconnaître et d'organiser le terrain. L'armée française se jette à corps perdu sur un obstacle qu'elle ignore et ne parvient pas à le franchir : tel est le trait caractéristique de ces engagements où la nature (bois, brouillard, chaleur, etc.) a joué un si grand rôle, et où la part de l'invention et de la combinaison tactiques paraît singulièrement réduite.

De l'offensive, de la sûreté et des renseignements.

En revanche, la dépense en vertus militaires fut large jusqu'à la prodigalité. Du côté français, l'élan des troupes, leur entrain, leur mépris de la mort, leur volonté de ne pas céder furent poussés jusqu'au plus dangereux excès. Il n'est pas douteux que l'esprit d'offensive mal réglé et mal contenu, chez les officiers comme chez les soldats, fut une des causes de nos revers.

Comme nous l'avons indiqué ci-dessus, à tous les rangs de l'armée, et même les chefs les plus expérimentés, tout le monde aborda la lutte dans une disposition optimiste extrême. Nous avons de nombreux témoignages précis à ce sujet : un général de cavalerie disait, au moment où s'engageait la bataille : « La cavalerie allemande se refuse au combat ; l'infanterie chemine très adroitement sans être vue à travers les avoines et les blés, mais tire mal. L'artillerie ne produit aucun effet ; l'obus en éclatant fait éternuer : un point c'est tout ! » L'appréciation suivante est formulée dans un rapport relatif au brillant combat de Neufchâteau : « Ce combat était, pour la brigade, le premier de la campagne ; les bulletins de renseignements, communiqués aux troupes les jours précédents, leur avaient donné le sentiment très net de leur supériorité. Entraînées par des officiers de tout premier ordre, les troupes, *dont il eût fallu au contraire, modérer l'ardeur*, furent admirables d'entrain, de courage et de vaillance. Mais l'ennemi eut beau jeu contre un adversaire qui avançait sur lui avec le mépris du danger, négligeant les mesures de prudence qui auraient sensiblement diminué le chiffre des pertes. »

Les pertes, en officiers surtout, furent terribles. Pour ce qui est des officiers, le mépris et la méconnaissance du danger réduisirent leur nombre dans de grandes proportions.

Mépris du danger d'autant plus grave qu'il conseille les entreprises téméraires et néglige les précautions indispensables. Il est exact de dire que, dans les premiers jours de la campagne, le fantassin français ne voulait connaître d'autre arme que la baïonnette. On déclenchait des charges folles à 1 500 mètres de l'ennemi sans préparation d'artillerie.

On avait demandé beaucoup à la cavalerie : elle fit beaucoup. On lui avait attribué un rôle auquel ses forces ne pouvaient pas suffire par les chaleurs accablantes qui éreintaient les hommes et les chevaux. On lui donnait la double mission d'éclairer au loin et de combattre ; c'était beaucoup. Les hommes encore peuvent supporter des fatigues extrêmes, mais les bêtes ont besoin de manger, de dormir, de se reposer aux heures coutumières. Un général de cavalerie a signalé le manque de convois automobiles accompagnant la cavalerie, l'insuffisance des agents du contre-espionnage dans un pays que les ennemis avaient d'avance préparé ; et surtout, la liaison incomplète avec les infanteries de soutien qui eussent dû être transportées en automobile comme le faisaient les Allemands. La circulaire du général en chef datée du 24 août donne aussitôt des ordres pour qu'il soit remédié à ces défectuosités. La cavalerie allemande (qui fut d'ailleurs loin d'être parfaite et qui s'épuisa au moins autant que la nôtre) avait pour rôle de couvrir et de découvrir ; elle faisait le voile devant nos troupes, les attirait et les conduisait sur des positions organisées. Le cavalier ennemi se faisait prendre ou tuer plutôt que de laisser percer le mystère que les troupes d'avant-postes couvraient de leur rideau mouvant.

Quand on connaîtra mieux le rôle de notre cavalerie, on appréciera les efforts hardis et ingénieux qu'elle fit pour soulever ce rideau : elle y parvint rarement. Ajoutons, pour bien établir à quel point la collecte des renseignements était difficile, qu'en fait, les grandes armées allemandes qui devaient être engagées dans la « Bataille des Ardennes » ne quittèrent leurs abris et notamment les camps retranchés de Metz, Thionville et leurs cantonnements du grand-duché de Luxembourg qu'à partir du 19. Avant cette date, le terrain boisé des Ardennes paraissait vide et, sauf les troupes de couverture et les patrouilles de cavalerie, il était vide, en effet.

Cette observation explique aussi l'insuffisance des renseignements par avion. Peu nombreux, les avions français voyaient peu parce qu'il y avait peu avoir. A partir du 19, c'est-à-dire dès que les armées allemandes se mettent en mouvement, les renseignements soit par cavalerie, soit par avions, se multiplient, se précisent. Ils signalent ces longues colonnes en marche, ils découvrent ces lignes organisées, ils observent ces bivouacs nouveaux qui se massent à proximité des forces françaises. Mais c'est déjà bien tard. L'opinion que les ennemis *bluffent*, qu'on est en présence d'un simple rideau de cavalerie et de « mouvements sans importance, » cette opinion s'est répandue. L'ennemi s'étant soigneusement caché aux vues verticales, ayant marché de nuit, s'étant glissé sous les bois, quand il débouche et surtout quand on le rencontre soigneusement installé, avec une artillerie ayant repéré le terrain autour de positions déterminées, quand on le trouve si nombreux et qu'il « grouille » de partout, on s'étonne. C'est la « surprise... » Admirables troupes que celles qui n'hésitèrent pas à foncer sur ces lisières mystérieuses, sur ces lignes meurtrières et qui, la baïonnette au canon, arrachèrent à l'ennemi un secret si terriblement gardé !

Caractère et portée stratégiques de la « Bataille des Ardennes. »

Nous avons exposé en débutant le plan allemand et le plan français.

Le commandement allemand a conçu le projet colossal d'envelopper et d'écraser l'armée française ; il prétendait en finir avec elle par étreinte en quelques semaines au plus.

Moins ambitieux, le commandement français, ayant renoncé à son projet d'attaque par Strasbourg et

Mayence, a maintenant le dessein de foncer sur le flanc des armées allemandes en marche et, s'il peut rompre leur centre, de les pousser, d'une part sur la mer, d'autre part sur Trêves, de façon à s'ouvrir, de ce côté, les routes d'Allemagne par la Moselle.

Dans quelle mesure l'exécution de ces deux projets opposés a-t-elle été secondée ou entravée par la « Bataille des Ardennes ? »

L'armée française s'est portée sur les armées allemandes en marche, et, comme elle en avait le dessein, elle les a surprises. Surprise de son côté par le nombre de ses adversaires et leur puissante organisation, elle ne les a pas moins *reconnus* et fortement *accrochés*. Certainement, le commandement français ne savait pas exactement à quelles armées importantes il avait affaire. Par la longueur des objectifs qu'il assignait aux siennes, il semble bien qu'il croyait n'avoir qu'à crever un rideau plus ou moins épais et à tomber ensuite sur les armées du grand mouvement tournant, c'est-à-dire de von Klück et de von Bülow. Or, il se trouva en présence des trois armées du kronprinz, du duc de Wurtemberg et de von Hausen. Son offensive stratégique avec le projet de briser le centre de la grande armée d'évolution ne réussit pas. Au contraire, les forces françaises durent reculer et laisser à découvert la frontière, ce qui permit à l'ennemi de porter la guerre sur notre territoire. A ce point de vue, le but stratégique ne fut pas atteint.

Reportons-nous vers le côté allemand.

Le grand Etat-major allemand lançait ses armées en ordre massif à travers la Belgique de façon à arriver, selon les conseils de Schlieffen, « à la fois par tous les réseaux routiers » au point de concentration où devait se livrer la bataille générale. Ce qui importait par-dessus tout, c'était que ce mouvement ne fût interrompu nulle part et que les armées prissent, en quelque sorte, le pas de parade pour accomplir coude à coude la magnifique évolution.

Or, voici ce qui se produit. La résistance de Liège et de l'armée belge laisse à notre 5e armée le temps d'arriver sur la Sambre avec tous les éléments dont on peut la renforcer. Von Klück se trouve donc avoir à combattre cette puissante formation jetée à l'improviste hors de nos frontières et il la rencontrera plus au Nord qu'il ne le pensait peut-être. Cependant, ce mouvement de l'armée Lanrezac crée un vide sur le front français entre Givet et Namur, c'est-à-dire entre notre 4e armée et notre 5earmée. L'État-major allemand conçoit le projet subsidiaire de profiter de ce vide pour obtenir un premier succès.

De même que l'armée Langle de Cary était en réserve pour appuyer le mouvement des armées de choc vers le Nord, une armée allemande était en réserve pour appuyer le mouvement des armées de choc vers le Sud : c'était l'armée von Hausen. Dès que le commandement allemand s'est rendu compte de la situation, il lance l'armée von Hausen sur le vide existant entre Dinant et Mézières, en vue de crever notre front entre la 4e et la 5e armée.

Alors commence ce mouvement précipité de l'armée saxonne, qui a pour but de s'enfoncer comme un coin dans cette trouée qui menace directement Paris. J'ai comparé l'armée allemande à un fer de lance. Le fer de lance est poussé, de toute sa masse, vers Rocroy, visant la France au cœur. Tandis que von Klück descend du Nord, l'armée von Hausen, entraînant à sa suite l'armée du duc de Wurtemberg et même l'armée du kronprinz, préparera, par son intervention imprévue, la victoire que von Klück n'aura qu'à achever.

Les Allemands aiment les exemples historiques ; leur invention a toujours quelque chose de pédantesque. On peut se demander si cette manœuvre n'est pas inspirée par une leçon que leurs théoriciens vantent avec emphase, la manœuvre de Frédéric II à Leuthen, quand il fait glisser une de ses ailes derrière un rideau de troupes contenant l'ennemi et la fait déboucher à droite quand on la croyait encore à gauche.

Von Hausen reçoit donc cette mission. Il se hâte, il accourt. Il est le 21 entre Sovet et Mont-Gauthier ; le 22, sa gauche (XIXe corps) marche pendant vingt-cinq heures ; et, le 23, tandis que son corps de droite (XIIe corps) passe la Meuse à Dinant, son corps de gauche (XIXe) arrive à bout de souffle et s'immobilise toujours, du 23 au 25, autour de Fumay.

La 5e armée française, après la bataille dite de Charleroi, est en retraite, ayant sa droite à la Meuse, et elle est exposée aux coups d'un ennemi débouchant de la rivière. Que l'armée von Hausen écrase le 1er corps qui longe la Meuse du Nord au Sud, notre cinquième armée est coupée. Von Hausen dispose de trois corps d'armée et de la cavalerie de la Garde ; il est maître des ponts que la division Bouttegourd et la 52e division de réserve gardent péniblement. Il n'a qu'à passer. Or, il ne passe pas. Sa menace reste à l'état de menace. Elle suffit pour avertir le général Lanrezac qui précipite sa retraite. Mais elle ne se transforme pas en une action décisive. Pourquoi ?

Il faut tenir compte de la résistance des troupes françaises échelonnées le long de la Meuse. La 32e division de réserve (général Coquet) avait à peine franchi la Meuse lorsque les premières colonnes de von

Hausen débouchèrent le 23 et le 24. Elle put tenir tête à l'abri de la rivière. Il y eut quelques beaux faits d'armes, notamment celui des « Cinq cents Bonniers » que raconte H. Libermann[1]. Ces têtes de colonne furent bousculées par un bataillon de chasseurs qui accompagnait la division. Cela donna peut-être à réfléchir aux Allemands. Libermann rapporte que, le 25, il rencontra, au Mesnil, le général Pétain (1er corps, 5e armée), la veille encore colonel, et que celui-ci lui dit : « Vous m'avez tiré une rude épine du pied ; car je n'envisageais pas sans inquiétude une action sur mon flanc avant d'atteindre Rocroy. » Pétain est un homme qui sait le prix des mots. S'il le dit, il faut l'en croire.

On doit tenir compte aussi de l'état d'épuisement où, d'après tous les carnets de route, se trouvent les régiments de von Hausen. Son armée arrive, mais elle arrive sur ses boulets. L'une des plus graves fautes de l'état-major allemand, surtout au début, fut de ne pas compter avec les moyens physiques des hommes : la nature a ses droits. Il résulte des carnets allemands que l'armée von Hausen n'eut pas la force de se jeter sur l'ennemi au moment où deux ou trois divisions lui étaient offertes comme une proie. Que pesait la 52e division de réserve en face d'une armée de 120 000 hommes ?

Von Hausen ne fit rien ; il ne sut pas se baisser pour ramasser le succès. A partir de ce jour, il fut en retard. Par la suite, von Hausen fut disgracié, et il fut disgracié en raison de cette faute grave. Les écrivains allemands l'ont accablé de leurs critiques sanglantes : « Ce n'est que le 23 août, disent-ils, que la Meuse fut franchie. Si l'état-major de la IIIe armée (armée saxonne von Hausen) avait pris de meilleures dispositions, le passage de la Meuse aurait pu être effectué bien plus vite. Ce retard a, sans doute, contribué aux insuccès de l'armée allemande dans les premiers jours de septembre et les forces allemandes marchant sur Paris ont dû être groupées différemment. » Nous relevons donc là une des origines avérées et avouées de la défaite allemande sur la Marne.

Mais les raisons qui viennent d'être données ne suffiraient pas pour expliquer l'échec de la manœuvre allemande : la cause principale fut le désordre jeté dans le fameux mouvement en éventail, dont la marche de l'armée von Hausen n'était qu'une partie. En fait, l'offensive française qui, d'après les ordres écrits, avait pour objet « de tomber dans le flanc des armées allemandes en marche, » tomba réellement dans le flanc des armées allemandes. Ce n'était pas celles de, von Klück et de von Bülow, mais c'était celles du kronprinz, du duc de Wurtemberg et de von Hausen. Ce furent celles-ci qui furent surprises, mais elles le furent. Comme elles s'étaient mises en mouvement pour se porter d'Est en Ouest, ainsi qu'il a été dit ci-dessus, elles furent attaquées en pleine marche, et contraintes de faire face au Sud soudainement ; leur mouvement n'ayant pas eu le loisir de se développer, elles ne purent arriver sur la Meuse à temps.

Von Hausen ne sut pas élargir la fissure qui existait entre notre 5e et notre 4e armée. La liaison fut maintenue entre elles. Elles reculèrent ; mais elles reculèrent d'un seul front.

La manœuvre pseudo-frédéricienne ayant échoué, la grande manœuvre de Schlieffen fut, en même temps, compromise. En effet, la « surprise » des Allemands était éventée ; la mèche était partie trop tôt : cette immense armée de 550 à 600000 hommes, que l'on gardait soigneusement dans les bois pour frapper le coup décisif, était dénichée. On avait appliqué, à la lettre, le précepte de Napoléon : « On reconnaît une armée avec une armée. »

L'opération fut sanglante ; l'armée française paya cher sa témérité. Elle se trouva en présence de ces formations colossales amassées par la longue préméditation de l'Allemagne et qui faisaient dire à Maximilien Harden, précisément le 4 août 1914 : « Tout est prévu ; tout est prêt. »

Tout était prévu, en effet, sauf l'audace d'une offensive qui viendrait, jusqu'au fond de la forêt des Ardennes, prendre à partie des troupes qui défilaient en toute sécurité à l'abri des bois. Les écrivains allemands, comme les carnets de route allemands, reconnaissent qu'il y eut, partout, « combats de rencontre, » et que les armées allemandes furent soudainement arrêtées sur des positions différentes de celles où elles se croyaient appelées à combattre.

Rien ne dut être plus amer pour le haut commandement allemand que cette offensive hardie qui, non seulement, découvrait ses troupes, mais les ébranlait avant l'heure.

Certes, les soldats allemands résistèrent vigoureusement et ils obtinrent le succès tactique. Mais le succès stratégique se déroba. Il se déroba devant von Hausen ; il se déroba devant le duc de Wurtemberg qui, fortement éprouvé, ne put que s'avancer péniblement pour livrer, les 27 et 28 août, une nouvelle bataille sur la Meuse ; il se déroba devant le kronprinz qui, fortement secoué à Fillières et surtout à Etain, ne put déboucher à l'heure dite. Accroché dès lors par la 3e armée, il devait arriver trop tard et trop las pour réussir sa première tentative sur Verdun.

La grande retraite stratégique prescrite, avec tant de lucidité, par le général Joffre ne fut possible que parce que nos armées du centre avaient gardé le point d'appui et le pivot que leur assuraient les places de l'Est.

La bataille de la Trouée de Charmes avait arrêté net le mouvement des armées allemandes pour tourner ces places par l'Est. La bataille des Ardennes, qui fut une défaite tactique, reconnut les armées allemandes du centre et leur lit payer si chèrement leur victoire qu'elles perdirent l'élan nécessaire pour asséner le coup sur lequel tablait l'Etat-major allemand. La bataille de la Sambre, avec la retraite qui la suivit, parut, un instant, tout compromettre ; mais la belle manœuvre de l'Ourcq inaugura la victoire de la Marne.

La bataille de la Marne n'est pas un fait qui tienne du prodige. Toute l'énergie française, — haletante et désespérée, mais confiante quand même, s'était exercée et entraînée dans ces grands événements militaires qui, après l'avoir mise à l'épreuve, furent, pour elle, la rude école de la victoire.

La bataille de Guise Saint-Quentin
(28-30 août 1914)

I

La bataille de Guise Saint-Quentin, livrée les 28, 29 et 30 août 1914, a été comme le prélude ou l'ouverture de la bataille de la Marne : elle l'annonça et parut, un instant, en présenter l'idée et le dessein. L'émotion ne dura pas ; les notes qui avaient vibré s'assourdirent. Mais, une semaine ne s'était pas écoulée que le drame reprenait et s'achevait par la victoire.

On ne sait guère, de cette bataille, que ce qu'en apprit au public le communiqué du 31 août, 11 heures. A propos de l'ensemble des *Opérations dans le Nord*, une phrase était glissée incidemment : «... Cependant, une bataille générale a été engagée avant-hier dans la région Ham-Péronne ; cette bataille a été marquée, pour nous, par un succès important sur notre droite où nous avons rejeté la Garde prussienne et le Xe corps dans l'Oise... »

Les mots « sur notre droite » et le mot « l'Oise » désignaient, — un peu vaguement, — la région Guise Saint-Quentin ; les mots « Ham » et « Péronne » révélaient une pensée du grand État-major désireux de signaler à l'opinion qu'il manœuvrait sur le flanc des armées ennemies. En effet, le jour même où il attaquait l'armée Bülow à Guise Saint-Quentin, Joffre jetait l'armée Maunoury, nouvellement créée, au-devant de l'armée von Klück sur la Somme, à Proyart : et c'était, certainement, pour lui, l'opération principale. Mais il avait des raisons pour ne pas insister : l'allusion ne fut comprise que de quelques initiés. Sans essayer de percer la pensée de l'État-major, l'opinion accepta l'affaire de Guise comme heureuse pour nos armes et d'un bon augure : c'était la première fois qu'on obtenait un succès dans l'Ouest, et cela remontait le cœur.

En réalité, la bataille de Guise Saint-Quentin (qui s'appellerait beaucoup plus exactement la bataille d'Oise-et-Somme) fut tout autre chose qu'un heureux incident tactique, un coup de boutoir habilement assené à l'ennemi et lui causant de lourdes pertes : ce fut le premier acte du grand drame stratégique que le général Joffre avait monté et dont il avait dicté le schéma dans l'Instruction générale du 25 août, 22 heures. L'opération, quoique particulière encore, est déjà de grande envergure ; elle inaugure la défense du territoire français, au lendemain des batailles de Belgique. Si, par suite de circonstances que nous allons exposer, elle ne parvint pas à protéger le massif de Coucy-Saint-Gobain, boulevard de Paris, elle contribua certainement à détourner l'ennemi de la capitale et, par conséquent, à sauver Paris lui-même.

Notre grand Etat-major, ayant repris, rien que par le fait qu'il la livrait, la maîtrise des événements, n'eut plus qu'à attendre l'heure de la bataille de la Marne pour sauver la France.

Les trois termes étroitement liés de cette opération stratégique sont, comme d'ordinaire, le terrain, la manœuvre et l'événement.

I. — Le terrain

Pour un ennemi venant d'Allemagne et occupant la Belgique, la frontière française se présente sous la forme d'une ligne à peu près droite, — sauf la saillie de Givet, — tirée franchement du Nord-Ouest au Sud-Est, depuis Dunkerque jusqu'au Donon.

La nature du terrain divise cette ligne en trois secteurs : un secteur Sud, de Sedan au Donon ; il présente une orographie haute et dense, labourée de cours d'eau, obstruée de montagnes, de collines et de forêts ; le bassin de la Meuse, coulant Sud-Nord, lui fait un formidable fossé. L'ensemble forme un terrain défensif incomparable ; fortifié, comme il l'était, par le génie militaire français, il apparut aux Allemands inexpugnable : il fut le pivot de la résistance française.

Un deuxième secteur va de Sedan à Maubeuge ; ici, au contraire, toutes les portes sont ouvertes : les rivières, les vallées, les routes convergent vers Paris. L'Oise, l'Aisne, la Marne courent vers la capitale : on dirait que le bassin Nord de la Seine vient s'appuyer sur le territoire belge pour faire un pont à l'envahisseur.

Dans le troisième secteur, celui des bassins côtiers, les rivières reprennent, en général, la direction Sud-Nord. La Sambre, l'Escaut, la Somme et leurs affluents seraient à peine des obstacles pour des armées venant de Belgique, mais ni leur importance, ni leur direction générale n'aident à la défense du pays ; l'ennemi qui remonte leur cours marche encore vers Paris.

Le plan allemand s'établit sur ces données géographiques : renonçant à attaquer de front notre puissante défense de l'Est, il n'a d'autre objet que de la tourner ; en raison du nombre de ses troupes et de la masse inouïe de ses artilleries et de ses convois, l'ennemi recherche les chemins larges, nombreux et faciles ; et c'est pourquoi il lance ses armées par tous les points accessibles, pour les réunir seulement, selon le précepte de Moltke, au moment de la bataille. C'est la manœuvre de Schlieffen.

Elle s'adaptait ainsi qu'il suit à la conformation des trois secteurs : l'un des groupes d'armées essaiera de tourner par le Sud-Est, c'est-à-dire par la Trouée de Charmes, le grand obstacle de l'Est ; un autre traversera la Belgique par le Nord de la Meuse pour atteindre le secteur côtier et les vallées de la Sambre, de l'Escaut, de la Somme, en vue de tourner l'obstacle par l'Ouest ; un autre, enfin, chargé de l'attaque centrale, cherchera le joint où la ligne de la Meuse, s'enfonçant en Belgique, laisse une entrée en France par Reims. Il essaiera de se glisser par cette étroite ouverture entre l'Argonne et la forêt des Ardennes.

La tenaille de gauche au Sud des Vosges, la tenaille de droite au Nord de l'Ardenne, la pointe centrale, au Nord de l'Argonne, s'ébranleront d'un même mouvement afin d'arriver à la concentration générale, en Champagne, aux portes de Paris.

Mais la France se défendra : elle se défendra dans l'Est, — et ce sera la bataille de la Trouée de Charmes ; elle se défendra au centre, — et ce sera la bataille de Meuse-et-Aisne (Signy-l'Abbaye) ; elle se défendra à l'Ouest, et ce sera la bataille d'Oise-et-Somme (Guise Saint-Quentin).

Nous avons exposé la bataille de Lorraine ou de la Trouée de Charmes : Castelnau et Dubail ont brisé l'élan de l'ennemi au pied des Vosges. Nous avons dit les batailles du centre : de Langle de Cary, Ruffey, Sarrail se sont jetés au-devant de lui à la coupure de la Meuse et ont protégé Verdun. Nous allons étudier, maintenant, la bataille d'Oise-et-Somme, la bataille de Picardie et des Flandres, d'où dépend l'entrée dans l'Ile-de-France.

Une fois la Belgique franchie, le couloir qui mène à Paris court sur les plateaux et les collines séparant les sources de la Sambre de celles de l'Oise (Nord-Est du département de l'Aisne) et les routes de l'Escaut de celles de la Somme (Nord-Ouest du même département). Sur ces plateaux, s'est établie, en terrain sec, la vieille voie romaine de Bavai à Vermand qui, par la Belgique des Mérovingiens et des Carlovingiens (Tongres, Héristal), vient d'Aix-la-Chapelle et relie l'Allemagne à la France du Nord. Cette, région est éminemment celle de la route, d'où les nombreux « Estrées » qui la jalonnent (*strata*).

Mais cette route n'est pas la seule. Sur un terrain, moins commode peut-être, mais plus direct, si l'on vise Paris, une « traverse, » un « doublet » s'est ouvert à travers les bois : venant en France par une autre entrée, il frappe à une autre porte : Guise (*huis*). Ce chemin, après avoir suivi la Meuse jusqu'à Namur et puis la Sambre jusqu'à Charleroi, fait un coude brusque droit au Sud ; il se dérobe à travers les pays plus accidentés des Fagnes et de la verte Thiérache ; partant de Chimay-Marienbourg, il gagne l'Oise, précisément à Guise dont le nom est si caractéristique et, de là, se dirige vers le « blanc paysage français » en suivant quelque temps le cours de la rivière : Guise, Origny, Ribemont, la Fère. La position de la Fère est capitale ; l'ennemi, ici, doit prendre un parti : ou suivre la vallée de l'Oise par Noyon, Compiègne, ou faire un nouveau coude à gauche, pour éviter le dur massif de Saint-Gobain : c'est ce parti que prend le « doublet ; » il se glisse par le pied de la montagne de Laon vers Soissons et gagne la Marne. Caché, au début, sous l'abri des bois, il s'étale ensuite sur les belles et riches plaines du Soissonnais ; ainsi, il tombe à la frontière de la Champagne et de l'Ile-de-France à Fismes (*fines*), avec ce double avantage d'approcher Paris par Meaux et de séparer la capitale de notre force de l'Est par Épernay et

Châlons. C'est la *Manœuvre de Fismes*. L'ennemi vient de reprendre le chemin après quatre ans. Preuve de l'importance décisive qu'il attache à cette marche par le « raccourci. » En effet, si notre force de l'Est n'a pas été détruite directement, c'est la seule façon de l'annihiler.

Ne considérons que la voie du Sud, le « doublet, » puisque, dans la campagne de 1914, la voie romaine, à la suite des combats de Belgique, a été prise par l'armée anglaise et que, pour celle-ci, la bataille s'est livrée au Cateau.

L'armée française a suivi le chemin de l'Oise et c'est pourquoi ce chemin, qui conduit à Guise, nous intéresse particulièrement. Le chemin de l'Oise n'aborde pas cette rivière vers sa source. En fait, comme l'a très justement établi M. Demangeon, la *trouée de l'Oise*, fameuse chez les géographes, n'existe pas. L'Oise, jusqu'à Hirson, est un ravin sans route et sans issue. En 1914, les armées l'ont entièrement négligé. C'est seulement à partir de Guise que la route venant de Couvin, entre Fagnes et Thiérache, leur est accessible.

Jadis la bataille pour l'Oise eût duré des mois et se fût accrochée à chaque motte de terrain ; le pays était couvert de petites forteresses, le Nouvion, la Capelle, Guise, Ribemont, où Vauban, après les ingénieurs du moyen âge, avait épuisé ses efforts ; mais, surtout, elle se heurtait aux deux grandes places-refuge de Saint-Quentin et la Fère.

Nous avons dit la raison géographique de la place de la Fère, à la tête du massif de Saint-Gobain. Son nom seul la définit : la Fère (*firmitatem*) la forteresse. Au débouché des deux routes, celle du Cateau et celle de Guise, la Fère commande l'Oise de l'Ile-de-France.

La position de Saint-Quentin, de caractère plus complexe, est non moins importante. A l'origine, la capitale du Vermandois était Vermand, à la tête de la voie romaine. Mais, à partir de l'ère gallo-romaine, la métropole s'est déplacée : remontant la vallée de la Somme, elle vint s'installer sur la crête entre Escaut, Somme et Oise. L'objectif fut évidemment de se rapprocher, le plus possible, du bassin parisien, sans renoncer cependant au contact avec les autres bassins, tournés vers le Nord, celui de la Somme et celui de l'Escaut. Donc, par la volonté des empereurs, Saint-Quentin (l'*Augusta Veromanduorum*) est un observatoire qui surveille et protège à la fois tout ce qui vient de Belgique et tout ce qui y va. On voit comment des trois nœuds dépend toute la contrée : c'est Guise, la *porte*, Saint-Quentin, la *crête*, et la Fère, la *forteresse*.

Les temps modernes ont changé les conditions de la défense. Les remparts à la Vauban sont tombés au souffle des artilleries plus puissantes : le sol est resté le seul et véritable rempart. Sur les bords de la Sambre française, sur les bords de l'Escaut, sur les bords de la Somme, s'établiront les organisations appuyées sur les collines et les forêts. Une fois les batailles de Belgique perdues, l'effort de la résistance se portera, d'abord, sur la région boisée qui environne la frontière, Fagnes et Thiérache, forêt de Trélon, forêt de Chimay, forêt du Nouvion, forêt de Saint-Michel. Des travaux de défense avaient été préparés, en effet, par les ordres du général Joffre, dans la Thiérache, autour de Vervins et du Nouvion. Mais la rapidité des événements interdit tout arrêt dans ce couloir. Les artilleries et les convois modernes exigent un champ plus libre, des routes plus nombreuses, des communications plus assurées. De telle sorte que, par la nécessité des choses, le problème de la défense sur la voie Guise Saint-Quentin-la Fère, se transporte un peu plus bas, au flanc même de cette route, dans une région admirablement préparée par la nature et qui la commande comme un formidable bastion, le plateau du Marlois.

A mi-chemin entre Guise et la Fère, juste en face du coude de l'Oise prenant sa direction vers le Sud, à Origny-Sainte-Benoîte, un quadrilatère déterminé par Guise, Vervins, Marle, Ribemont, dessine une magnifique terrasse qui, tantôt, tombe à pic, tantôt s'allonge en pentes douces vers la vallée de l'Oise. Cette terrasse est traversée, de part en part, par deux routes qui se croisent : la route de Vervins à Saint-Quentin et la route de Guise à Marle ; elles se coupent aux abords de Sains-Richaumont. Ce massif est d'une altitude moyenne de 100 à 120 mètres. Ses vues sont admirables sur le cours de la rivière. Par l'Est, il domine Vervins et l'entrée de l'Oise ; par le Nord, il domine Guise ; par l'Ouest, il domine Saint-Quentin, et, par le Sud-Ouest, la Fère. Au point de vue géographique, la bataille pour Guise Saint-Quentin-la Fère doit s'engager au pied de ce bastion.

II. — La Manœuvre

Mais on ne se bat pas uniquement sur des données géographiques : voyons, maintenant, pour quelles raisons militaires Joffre, choisissant l'heure et le lieu, accroche la bataille ici.

Ces raisons dépendent des marches et des opérations accomplies par les deux armées adverses depuis la bataille de la Sambre.

A la suite de la double défaite de Charleroi et de Mons, les deux chefs des années alliées, French et Lanrezac, avaient donné l'ordre de la retraite, et leurs décisions avaient été approuvées et étendues à tout le front français par l'Instruction du 23 août. Joffre avait décidé de donner du champ à ses troupes pour leur permettre de reprendre haleine et de recevoir des renforts, et pour se donner à lui-même le temps de manœuvrer.

Mais il avait gardé la ferme résolution de ressaisir, au plus tôt, l'initiative : l'ordre de retraite n'était, dans sa pensée, que la préparation d'une nouvelle et prochaine offensive. Cette conception s'était traduite, dans l'Instruction, par le paragraphe Ier, qui domine et mène tous les autres : « La manœuvre offensive projetée n'ayant pu être exécutée, les opérations ultérieures seront réglées de manière à reconstituer, à notre gauche, par la jonction des 4e et 5e armées, de l'armée anglaise et de forces nouvelles prélevées dans la région de l'Est, une masse capable de reprendre l'offensive, pendant que les autres armées contiendront, le temps nécessaire, les efforts de l'ennemi… »

L'Instruction générale avait, d'ailleurs, prévu l'éventualité de combats en retour ou en coups de boutoir : « Le mouvement sera couvert par des arrière gardes laissées sur les coupures favorables du terrain, de façon à utiliser tous les obstacles pour arrêter, par des contre-attaques, courtes et violentes, dont l'élément principal sera l'artillerie, la marche de l'ennemi ou tout au moins la retarder. »

Enfin, l'Instruction générale avait, dans ses paragraphes 7 et 8, indiqué le projet d'une contre-attaque générale en direction de Bapaume-le-Catelet-Bohain-la-Fère, contre-attaque qui serait engagée dès que le général en chef jugerait les conditions favorables.

Sur ces données les deux armées alliées, l'armée anglaise et la 5e armée (armée Lanrezac), se replient dans une direction générale Sud-Ouest qui les rapproche de Paris, non seulement pour protéger la capitale, mais pour gagner les positions d'où l'offensive pourra se déclencher.

Telle est la volonté du haut commandement français.

Mais on n'est pas seul à la guerre, et il faut aussi tenir compte de la volonté de l'ennemi. L'ennemi, malgré les succès obtenus par lui sur la Sambre, a été trop éprouvé pour prendre la poursuite et pour se faire l'illusion de croire qu'il puisse, par une simple galopade, anéantir les armées ennemies. Il est donc obligé de manœuvrer, lui aussi. Après avoir soufflé, il s'en tient au plan élaboré par le grand État-major.

Sur un point seulement, ce plan est modifié : originairement, il visait l'occupation immédiate des ports et de la côte (Dunkerque et peut-être Calais). L'initiative prise par Joffre en attaquant sur la Sambre et la présence de l'armée d'Amade ont mis le général von Moltke dans la nécessité de renoncer, pour le moment, à cet élargissement de son action vers les rivages de la Manche. Entraîné dans le sillage des armées qui sont devant lui, il ne peut se relâcher un instant de la tâche qu'elles lui imposent. Aussi, persuadé qu'il peut les atteindre et leur porter le coup fatal, il se décide à tout sacrifier pour arriver à déborder l'aile gauche de ces armées et à saisir, notamment, l'armée britannique, qui tient celle aile, dans un large mouvement tournant. S'il réussit, il bousculera l'armée French sur l'armée Lanrezac de façon à faire, du tout, une masse confuse, et il tombera sur elles, toutes forces réunies, à l'heure qu'il jugera opportune. Ce programme est indiqué, par le communiqué allemand du 27 août, qui le considère déjà comme en partie réalisé : « L'armée du général von Klück a culbuté l'armée anglaise près de Maubeuge, *par un mouvement tournant…* »

D'ailleurs, les faits parlent. Aussitôt le résultat heureux de sa première rencontre avec l'armée anglaise obtenu à Mons, von Klück poursuit la manœuvre à vaste envergure qui doit le porter, d'abord, sur le flanc de l'armée britannique dans la région de Cambrai. Cette tâche sera surtout l'œuvre de la cavalerie. Le corps de cavalerie von der Marwitz, qui devait préalablement opérer sur les bords de la mer, est ramené vers le Sud : il prend l'extrême droite, l'aile marchante. Le IIe corps (von Lissingen) marche à l'alignement et tourne avec lui ; les autres corps de l'armée von Klück emboîtent le pas et ils sont suivis par ceux de l'armée von Bülow, tous marchant face au Sud-Ouest et presque face à l'Ouest, tous s'étirant sur une ligne oblique pour se retourner finalement sur le flanc de l'ennemi.

Telle est la fameuse conception « géniale » ; elle est inscrite sur le sol même par le pas des régiments.

Rien qu'à cet aperçu général, on voit comment la conception allemande va se heurter à la conception de Joffre.

Joffre, ayant lu dans le jeu de ses adversaires, oppose contre-manœuvre à manœuvre ; on prétend tomber sur son flanc ; il prépare l'intervention d'une armée nouvelle destinée à tomber sur le flanc qu'on va lui présenter.

Von Klück croit qu'il n'a pas d'ennemi devant lui, et il fonce. Joffre lui ménage une surprise, et il attend.

Mais, pour que la conception française puisse se réaliser, trois conditions sont nécessaires : 1° il faut que la ligne du front, à laquelle se heurteront les gros de l'ennemi, reste intacte et sans lacune ; 2° que la masse de manœuvre soit prête à temps, et 3° que la clef du système de l'Oise, la Fère, soit encore entre nos mains.

Ces données générales une fois précisées, il y a lieu de suivre les opérations et les marches qui ont amené les armées sur le terrain.

Puisque l'armée britannique, formant l'aile gauche de l'armée alliée, est particulièrement visée par la conception allemande, et puisque, d'autre part, dans la conception du haut commandement français, cette armée doit former le centre de la masse de manœuvre, ce sont les opérations de cette armée qui importent le plus : selon que l'armée britannique se sera laissé déborder par l'armée von Klück ou qu'elle aura échappé, selon qu'elle sera ou non en position à l'heure des rencontres décisives, l'une ou l'autre des manœuvres réussira ou échouera.

La situation du maréchal French est vraiment des plus critiques : il s'en est expliqué lui-même avec une parfaite loyauté. Il n'a qu'une pensée, d'ailleurs profondément juste, c'est de conserver à l'Angleterre l'armée, l'unique armée qui peut permettre à cette puissance d'en encadrer d'autres et de continuer à prendre part à la lutte. Ce qu'il craint par-dessus tout, c'est de se laisser prendre à un piège de l'ennemi qui l'attarderait sur une position où il courrait le risque d'être cerné. Voici ses propres paroles : « Les essais réitérés de l'ennemi pour tourner mon flanc me prouvaient son intention de m'acculer à cette place (il s'agissait alors de Maubeuge) pour m'y cerner. Je sentis qu'il n'y aurait pas un moment à perdre pour me retirer sur d'autres positions… Considérant la retraite ininterrompue des Français à ma droite, mon flanc gauche exposé, la tendance de l'ennemi (IIe corps) à m'envelopper et, plus que tout, l'épuisement de mes troupes, je me décidai à faire encore un grand effort pour continuer ma retraite jusqu'à ce que je pusse mettre entre mes troupes et l'ennemi un obstacle important comme la Somme ou l'Oise et leur accorder, avec un peu de repos, la facilité de se réorganiser. Les ordres furent donc envoyés aux chefs de corps de poursuivre leur retraite aussitôt que possible, vers la ligne générale Vermand-Saint-Quentin-Ribemont. »

French sentait von der Marwitz et von Klück sur ses talons ; il se savait hors d'état de résister à une attaque puissante. Donc, avant tout, échapper : le vieux soldat d'Afrique voulait avoir de l'espace devant lui.

L'exécution de ce projet fut réalisée en deux temps : une période de combats où, malgré sa hâte, l'armée anglaise fut encore rejointe par de puissantes avant-gardes ou même des corps allemands et dut livrer bataille, à Landrecies et au Cateau, pour se dégager ; et une période de marches où les troupes, une fois hors de contact, continuèrent à progresser droit devant elles pour se mettre à l'abri et se reconstituer.

Aussitôt après Mons, le maréchal French, pour échappera l'attraction de Maubeuge, avait donné l'ordre de retraite par le Cateau ; il adoptait ainsi la voie classique, la voie romaine. Mais, un obstacle se présentait, c'était la forêt de Mormal, à cheval sur cette voie. Quel parti prendre ? La longer à l'Est, la traverser de part en part, ou la longer à l'Ouest ? L'ordre général fut donné de prendre, autant que possible, à l'Ouest de la forêt. Mais, pour éviter l'encombrement, le Ier corps qui, sous les ordres du général Douglas Haig, formait la droite, s'engagea à l'Est. La retraite anglaise se produisit, ainsi, en forme de fourche et ses deux corps se trouvaient, dès lors, séparés.

L'ennemi tenta de profiter de cette circonstance favorable. Il détacha ses avant-gardes à la poursuite du Ier corps avec mission de saisir les ponts de Landrecies avant qu'il n'y fût arrivé. Douglas Haig livre un vigoureux combat d'arrière-garde ; il se tire d'affaire, mais non sans être contraint de se porter encore plus à l'Est, si bien que, le 27, il se trouve rejeté vers Boué-Etreux, c'est-à-dire sur l'Oise supérieure, tandis que l'autre corps anglais, le IIe, commandé par Smith Dorrien, marchait franchement vers l'Ouest en suivant la vieille voie romaine par le Cateau.

Le commandement allemand, tout en poussant Douglas Haig sur les lignes de Lanrezac et en produisant ainsi cette première confusion sur laquelle il comptait, ne perdait pas de vue Smith Dorrien ; c'était son principal objectif. Celui-ci pourrait-il échapper à la manœuvre qui allait lui tomber sur le flanc à Cambrai ?...

Smith Dorrien entraînait dans une retraite éperdue son corps d'armée épuisé ; il sentait l'ennemi qui le pressait dans le dos, mais il en devinait un autre qui, sur le point de le dépasser, menaçait de lui barrer la route. Ses soldats n'en pouvaient plus. Il ne crut pas possible de marcher plus longtemps, et il préféra livrer bataille. Malgré les ordres formels de French, et malgré l'état de lassitude de sa troupe, ou plutôt à cause de cette lassitude, il s'arrêta sur la route de Cambrai au Cateau. Le sanglier faisait ferme.

Cette vigoureuse initiative le sauva. Il faut ajouter que Joffre lui avait envoyé un secours éminemment opportun : le corps de cavalerie Sordet et les divisions de réserve et territoriales du général d'Amade, chargés de couvrir sa gauche, arrivèrent juste au moment où l'ennemi tombait sur celle-ci. Si bien que, quand les corps de von Klück se présentèrent sur la route de Cambrai, ils y trouvèrent, non pas Smith Dorrien en déroute, mais les forces françaises l'attendant de pied ferme et Smith Dorrien, lui-même, décidé à ne pas rompre d'une semelle. Après une dure matinée de combat, Smith Dorrien se décrocha face à l'ennemi. Les Anglais l'appellent « l'héroïque Ney » de cette retraite.

Pour les Allemands, la première manœuvre du mouvement tournant était manquée. Non seulement le corps de Smith Dorrien s'était dégagé, mais, en plus, il fallait compter, désormais, avec l'arrivée des divisions françaises sur la ligne d'opération en prolongement du front britannique.

Von Klück fut surpris : il ne pouvait pas admettre qu'un adversaire dont tous les renseignements et les communiqués annonçaient l'anéantissement, pût lui résister. Il pensa que le plus simple, pour en finir, était d'allonger encore sa propre manœuvre à l'Ouest. Nous dirons, tout à l'heure, dans quelles conditions.

Cependant, Douglas Haig, commandant le Ier corps anglais, faisait un effort inouï pour rejoindre le gros de l'armée. Nous l'avons laissé sur la haute Oise, à Etreux-Boué : de ce côté, il était serré de près par l'autre armée allemande, l'armée Bülow. Quel que fût le risque de l'opération, il se décida à descendre le cours de l'Oise sous le feu de l'ennemi. Non sans de pénibles sacrifices, il réussit et, le 29 août, toute l'armée britannique était rassemblée à la Fère. French la passait en revue, décimée mais non détruite ; il accordait à ses soldats un jour de repos derrière l'Oise, mais avec le dessein arrêté de ne pas s'exposer de nouveau à de tels risques et de reprendre la retraite, à marches forcées, dès le lendemain. Il se retirerait sur l'Aisne d'abord, puis sur la Marne, et même sur la Seine, s'il le fallait... Mais il ne ramènerait ses troupes au combat que quand elles seraient refaites et en état de se mesurer avec l'ennemi.

Von Klück avait repris sa manœuvre d'enveloppement, mais en tenant compte, cette fois, de l'élément nouveau que la manœuvre de Joffre lui opposait. Le corps de cavalerie du général Sordet, les divisions territoriales du général d'Amade renforcées par deux divisions de réserve, la 61e (général Virvaire) et la 62e (général Ganeval), ayant allongé, à sa droite, la ligne de front de l'ennemi, il résolut de les englober dans son mouvement tournant : par un nouveau bond vers l'Ouest, il se précipita de Cambrai sur Péronne, en direction d'Amiens et Montdidier. Mais Joffre avait, à son tour, préparé dans le plus grand secret une autre riposte : et, quand l'armée von Klück se présenta sur la Somme, elle trouva dans cette région, à Proyart, des divisions de l'active auxquelles, certes, elle ne s'attendait pas : c'était l'armée Maunoury qui, à peine constituée, entrait en ligne. Les carnets de route allemands constatent la surprise et l'émotion : « Pour la première fois (note aussitôt l'intelligent officier Kietzmann) nos troupes se sont trouvées, aujourd'hui, en présence de troupes françaises de l'active, opérant devant nous, sur un front étendu et qui avaient pour mission d'arrêter notre marche, en utilisant merveilleusement le terrain. » C'est l'apparition du 7e corps venu des Vosges.

On peut s'imaginer les pensées qui, à ce coup, traversent l'esprit du général allemand ; son armée s'est allongée indéfiniment vers l'Ouest ; elle s'allonge encore et elle s'amincit en se distendant. Or, voilà qu'une barrière imprévue se dresse devant elle... D'où viennent ces troupes ? Que sont-elles ? Quelles sont les raisons de leur présence et les projets de l'adversaire ? (Ne pas oublier que Paris est derrière, avec son inquiétant mystère.) Faut-il passer outre, et pousser toujours plus loin la manœuvre d'encerclement ?

Et voici qu'une autre difficulté plus grave encore et plus complexe surgit. L'armée Bülow qui, jusqu'ici, a accompagné l'armée von Klück et l'a soutenue dans sa marche vers l'Ouest, qui a la garde de ses communications et qui fait toute sa sécurité vers l'Est, l'armée Bülow est obligée de s'arrêter soudain : elle est attaquée, elle aussi, en pleine marche et, bien loin d'apporter du secours, elle en réclame : la bataille de Guise Saint-Quentin va commencer.

Revenons à l'armée Bülow ; car c'est elle et la 5ᵉ armée française (général Lanrezac) qui vont se trouver, maintenant, sur le devant de la scène. L'armée britannique ayant adopté, pour sa retraite, la voie romaine, la route de Bavai-le-Cateau-Vermand, il ne restait à l'armée Lanrezac qu'une route pour rentrer en France, le « raccourci » de l'Oise, le « doublet. » Un instant même, sur cette route, l'armée française avait rencontré, comme nous l'avons dit, le corps de Douglas Haig. Il y eut là un moment de terrible confusion et qui ne fut pas sans conséquences sur les événements ultérieurs. Quoi qu'il en soit, l'armée française, quittant le champ de bataille entre Maubeuge et la Meuse, s'engagea dans la trouée de Couvin et, sans être sérieusement poursuivie, elle se trouva en trois jours sur une ligne Avesnes-Saint-Michel, sa gauche donnant la main au Vᵉ corps anglais qui se battait à Landrecies et sa droite vers Maubert-Fontaine et Rimogne aux corps de cavalerie de l'armée de Langle de Cary (4ᵉ division et 9ᵉ division) chargés de faire la liaison. L'armée est donc sur la haute Oise, le 27 ; elle passe la rivière pour s'en abriter et se met à défiler sur la rive Sud, en direction de Ribemont et de la Fère avec l'intention, selon les termes de l'Instruction générale du 25, de se replier sur une ligne Laon-Saint-Erme pour y préparer la contre-offensive.

Elle est tranquille pour sa droite, puisque l'armée de Langle de Cary, qui livre en ce moment les belles batailles de la Meuse et de Signy-l'Abbaye, la prolonge de ce côté ; elle est tranquille pour sa gauche, puisque l'armée britannique est regroupée sur la ligne de la Fère. Mais la situation pourrait être tout autre, si l'armée britannique, se décrochant plus encore vers le Sud, dessinait, en quelque sorte, une poche qui attirerait inévitablement la manœuvre ennemie.

L'armée Lanrezac était suivie par l'armée Bülow, comme l'armée britannique était suivie par l'armée von Klück : les deux armées allemandes, d'une part, les deux armées alliées, d'autre part, glissaient d'un même mouvement vers le Sud-Ouest, séparées seulement par l'étroite vallée de l'Oise, se surveillant la main sur la gâchette du fusil, se hâtant à qui arriverait la première pour surprendre l'autre au but. Cependant, dans cette course, l'armée allemande de tête, l'armée von Klück, entraînée par sa volonté d'aller plus loin encore, pour tourner les forces françaises nouvellement apparues, s'allongeait outre mesure ; elle se distendait, au risque de briser le lien qui la rattachait à l'armée Bülow. Au point de jonction, la liaison devenait de plus en plus lâche, de plus en plus ténue. Mais, de l'autre côté, l'armée britannique, qui avait, elle aussi, pris la tête, était dans un état d'épuisement tel que son chef ne croyait plus pouvoir la maintenir sur la ligne de front.

Ainsi, une fissure commence à se produire entre les deux armées allemandes, au moment même où une poche commence à se produire entre les deux armées alliées ; et cela juste autour de cette position de Saint-Quentin-la Fère qui est, géographiquement et militairement, le but que les deux armées se proposent.

Bülow a certainement le sentiment du danger qu'il court : car, il prend ses mesures à la fois pour combler la fissure et pour pénétrer dans la poche en voie de s'ouvrir devant lui. Il appelle, da toutes parts, les forces dont il peut disposer pour les porter en hâte sur sa droite au point menacé ; nous verrons ces troupes arrivant, hors d'haleine, et jetées successivement dans la bataille...

Mais Joffre n'a pas une vue moins claire de ce qui se passe ; et, à son tour, il prépare la manœuvre qui doit lui rendre la maîtrise de la situation. Sa première pensée est de sauver l'armée britannique et sa deuxième pensée, d'ailleurs connexe, est de maintenir cette armée en ligne. Il sait que, par ses ordres, l'armée Maunoury est sur les flancs de l'armée von Klück et empochera celle-ci de se rabattre sur l'armée von Bülow et de lui venir en aide ; il sait que l'armée Lanrezac est bien en mains et qu'après une belle retraite, elle brûle de réparer l'événement de Charleroi : son projet, à lui, est donc de foncer sur la fissure du front ennemi pour empêcher la poche de se produire dans son propre front.

A l'abri derrière l'Oise, l'armée Lanrezac se développe sur le puissant plateau du Marlois qui domine la rive adverse. C'est l'heure de lui demander un effort, un sacrifice. Sur la ligne Guise Saint-Quentin-la Fère, il faut tomber sur l'ennemi avant que celui-ci ait le temps d'accomplir son dessein.

Dès le 27 au matin, le général Joffre fait savoir au général Lanrezac qu'il considère l'offensive, projetée d'ailleurs par la 5ᵉ armée, comme indispensable. Il décide que la 5ᵉ armée portera sa gauche, le lendemain 28, entre l'Oise et Saint-Quentin pour attaquer les forces ennemies marchant contre l'armée anglaise. Le général Lanrezac a toute la journée du 27 pour se préparer. En même temps, c'est-à-dire le 27 août au matin, le général Joffre prévient le maréchal French qu'il donne l'ordre à la 5ᵉ armée d'exécuter, à la hauteur de Guise-Vervins, une vigoureuse attaque sur les forces ennemies qui suivent l'armée britannique, de façon à dégager celle-ci ; d'autre part, à la gauche de cette même armée, le corps de cavalerie du général Sordet la protégera contre toute action débordante de l'ennemi. Dans ces conditions, la présence de l'armée anglaise sur la ligne de la Fère contribuera au succès d'une manœuvre combinée sur le front de la Somme, en même temps que sur le front de l'Oise.

Les mesures ont été prises dans la journée du 27 ; le 28 au matin, le général Joffre s'est transporté au Quartier Général du général Lanrezac, à Marle, et il lui a donné, par écrit, l'ordre d'attaquer sans perdre une minute. L'objectif principal est la ligne Saint-Quentin-la Fère, puisqu'il s'agit d'abord de dégager l'armée anglaise et, en second lieu, de combiner l'action de la 5ᵉ armée avec celle du général Maunoury. Cependant, le général Lanrezac n'est pas sans inquiétude pour sa droite : il craint que l'armée Bülow ne débouche un peu plus haut, sur l'Oise, vers Ribemont ou Guise. Il est donc convenu qu'il prendra ses dispositions pour se protéger fortement de ce côté.

Le général Joffre se transporte alors au Quartier Général du général French : il a gardé, jusqu'à cette heure, l'espoir que l'armée britannique lui apportera un concours quelconque, ne fût-ce que par sa présence autour de la Fère. Mais le maréchal French ne peut que lui montrer ses troupes exténuées. Leur état exige au moins un jour de repos. Elles ne pourraient intervenir utilement que si les circonstances devenaient plus favorables.

Joffre s'incline ; mais il ne change rien à ses ordres : car, s'il n'attaque pas, il est attaqué. Déjà, on a perdu la journée du 28, et les Allemands ont passé l'Oise au pont de Guise. Avec ou sans les Anglais, on marchera dès le lendemain 20, à l'aube.

Voyons, maintenant, quelle est la ligne de bataille dans les deux camps, à cette veillée des armes, la nuit du 28 au 29. Le front est l'aboutissant de la marche des corps : déterminons-le par la marche des corps, et, d'abord, dans le camp français, puisque c'est lui qui, en raison du mouvement de la retraite, est arrivé le premier sur le terrain.

Après la bataille de Charleroi, le défilé vers la France s'est fait dans l'ordre suivant.

A gauche, le corps de cavalerie du général Sordet ayant été porté dans la région de Péronne, laisse, en flanc-garde de la 5e armée, le 4e groupe des divisions de réserve composé de deux divisions, la 53e (général Perruchon) et la 69e (général Legros). Le groupe est commandé par le général Valabrègue. Il prend la tête et se remet en marche pour la trouée de Couvin et l'Oise, par Prisches. Malheureusement, au cours du défilé, les divisions de réserve rencontrent le 1er corps anglais (Douglas Haig) dans la région d'Étreux-Guise ; il s'ensuit une confusion extrême, et les deux divisions sont obligées de passer l'Oise en amont de Guise. Ainsi, elles se trouvent rejetées sur les routes au pied du plateau du Marlois qu'elles occupent au lieu de les laisser au 18e corps. Ce retard aura des suites sur tout le développement de la bataille. Quoi qu'il en soit, le groupe des divisions de réserve ne quille plus le Ier corps anglais ; il se colle à lui en quelque sorte, défile sur ses pas et, après avoir passé l'Oise à Flavigny, Montceau-sur-Oise, Romery, Proisy, tout en restant à l'abri de la rivière, il se hâte vers la Fère. Le 28 au soir, il bivouaque à Surfontaine-Renansart, sur les hauteurs qui dominent à la fois Saint-Quentin et la Fère. Le corps, cependant, n'est pas au complet. Il a laissé sa cavalerie en arrière vers Puisieux pour coopérer à l'action du 1er corps et en outre, une des brigades de la 53e division, la brigade Journée, a reçu l'ordre de détacher les forces nécessaires pour garder les ponts de l'Oise à Guise, à Flavigny, a Neuvillette, à Origny, jusqu'à ce que les autres corps de la 5e armée, arrivant successivement, aient fait la relève.

Après le groupe des divisions de réserve, le 18e corps (général de Mas-Latrie) a pris position. Ce corps a à sa disposition une belle division d'Afrique, la 38e (général Muleau). Il est composé lui-même de deux divisions, la 35e et la 30e. Il a retraité de Charleroi à Avesnes et d'Avesnes sur l'Oise par Buironfosse. Le 27, par une pluie battante, les trois divisions ont franchi l'Oise entre Erloy et Proisy Romery, et, à la suite du groupe des divisions de réserve, elles vont occuper, comme première étape sur la rive Sud, le plateau du Marlois, quartier général à Sains-Richaumont. Le 28, le corps ayant reçu l'ordre de se préparer pour la bataille *face à l'Ouest*, direction de Saint-Quentin, descendra un peu plus au Sud vers Ribemont et il bivouaquera le 28 au soir, la 35e division à Villers-le-Sec, avant-garde à

Ribemont, la 30e division à Pleine-Selve, avant-garde à Courjumelles, et la 38e division (général Muteau), à la Ferlé-Chevrésis, avant-garde à Montceau-le-Neuf.

Cependant, un incident, qui va décider en partie du sort de la journée du lendemain, se produit dans la marche du corps, le 28 au soir. Au moment où il passe en face de Guise, les ponts de Guise, défendus seulement, comme nous venons de le dire, par deux bataillons de la brigade Journée, sont attaqués. La 35e division, qui est à proximité, tombe sur l'ennemi de le Hérie-la-Vieuville et le contient. Mais ce combat la retarde : elle n'arrivera à son cantonnement que dans la matinée du lendemain, quand la bataille sera engagée. La prise des ponts de Guise, le retard de la 35e division eurent des conséquences sur lesquelles nous reviendrons tout à l'heure. Quoi qu'il en soit, le 18e corps, très fatigué, est, le 28 au soir, au cantonnement, au Sud de Ribemont.

Le 3e corps (général Sauret) était le voisin du 18e corps à la bataille de Charleroi. En échelon, il le suit dans la retraite. Le corps a franchi la frontière française, le 25 août ; la retraite s'est poursuivie par la zone Fourmies-Buironfosse. Le 3e corps a passé l'Oise entre Guise et Etréaupont. Il progresse sur la rive gauche, le 27, et, pour l'attaque du lendemain, il occupe, par ordre, les pentes du plateau du Marlois, avec pour centre Courjumelles. Le corps a ses deux divisions, la 5e (général Verrier) et la 6e (général Bloch) ; il a reçu, en renfort, une division d'Afrique, la 37e (général Comby). Par une disposition très sage du général Lanrezac, qui craint le débouché de l'ennemi sur sa droite, le corps est articulé, une face vers Origny-Sainte-Benoîte, une face vers Guise, disposition qui commence à dessiner une forme angulaire pour l'ensemble de l'armée. La pointe de l'armée est donc ici, et elle est dirigée vers Mont-d'Origny. On a appris, le 28 au soir, que le général Sauret était remplacé par le général Hache.

Le 10ᵉ corps (général Defforges) avait, avec le 3ᵉ corps, subi le poids principal de la bataille de Charleroi. Battant en retraite, il s'était engagé franchement dans le couloir de Couvin et s'était dirigé sur la Capelle en s'allongeant, à sa gauche, vers Hirson. Ainsi, on était sur l'Oise. Le 10ᵉ corps était tiraillé, si j'ose dire, entre deux ordres de services : d'une part, il avait à maintenir ses liaisons, à gauche, avec la 4ᵉ armée (armée de Langle de Cary) pour éviter qu'une rupture du front ne se produisît, de ce côté, vers Maubert-Fontaine ; d'autre part, il devait rester à son rang dans la 5ᵉ armée. Après des marches pénibles, le tout finit par se tasser et, le 28 au soir, le 10ᵉ corps occupait les emplacements assignés, à l'Est des plateaux du Marlois : la 20ᵉ division à gauche, à Rougeries-la-Vallée-aux-Bleds-le-Sourd, en liaison, à gauche, avec le 3ᵉ corps par Sains-Richaumont, la Indivision à droite à Voulpaix-Vervins-Fontaine-les-Vervins, en liaison avec la 51ᵉ division de réserve et la 4ᵉ division de cavalerie qui formaient flanc-garde.

Mais, avant d'en venir à la disposition particulière de l'extrême droite de la ligne de bataille, il faut signaler la sage précaution prise par le général Lanrezac.

A la bataille de Charleroi, un de ses corps n'avait pas donné : c'était le 1er corps. Ayant simplement refoulé l'armée von Hausen aux engagements d'Hastières, il avait défilé intact, les yeux dans les yeux de cette armée von Hausen qu'il avait contenue. Le 1er corps est commandé par le général Franchet d'Esperey ; la 1re division sous les ordres du général Gallet, puis du général de Fonclare, a pour brigadiers les généraux

Marjoulet et Sauret : la 2e division, commandée par le général Deligny, a pour brigadiers le général Duplessis et le colonel Pétain qui, avec la 4e brigade, tient l'extrême droite et qui recevra les étoiles, au cours de la retraite, à Tavaux-Pontséricourt. Le 1er corps est une troupe d'élite admirablement commandée.

Le général Lanrezac a conçu le dessein de se servir de lui pour donner à sa manœuvre la solidité et l'allant de l'heure décisive. C'est pourquoi, au lieu de laisser ce corps à la place que celui-ci occupait à droite de l'armée, il le ramène vers le centre. La force principale du 1er corps, 1re division général Deligny, arrivée le 28 au soir, à Tavaux, après une longue marche, reçoit l'ordre de se porter, le lendemain, dès la première heure, *entre le 3e et le 10e corps*, en deuxième ligne, pour consolider la forme angulaire qu'a prise le front de bataille d'après les dispositions du général Lanrezac. La 2e division est maintenue en réserve d'armée en haut des plateaux du Marlois, à Housset. Cependant une demi brigade, commandée par le général Mangin (148e d'infanterie) est transportée par la voie ferrée à Versigny près de la Fère, pour soutenir l'offensive de ce côté, au cas où l'armée britannique ne pourrait pas intervenir.

Pour achever sa ligne et maintenir ses communications avec la 4e armée, le général Lanrezac peut disposer encore, on vient de le voir, du deux divisions placées à son extrême droite : c'est, d'abord, la 4e division de cavalerie : il l'établit en décrochement entre Etréaupont et Vervins pour prendre de flanc, le cas échéant, un ennemi franchissant l'Oise ; et c'est, enfin, la 51e division de réserve (division Bouttegourd) ; elle viendra occuper Gercy, à l'articulation de ce décrochement, de façon à seconder l'ensemble du mouvement. Des patrouilles de cavalerie battent l'estrade et relient la 5e armée avec la 4e armée jusqu'à Mnubert-Fontaine.

En résumé, l'armée Lanrezac, abritée derrière l'Oise depuis le 27 au matin, a pris ses dispositions pour attaquer, le 29 à l'aube, l'armée Bülow qui se masse sur l'autre rive. Sa droite est à Vervins, sa gauche à Versigny, à proximité de la Fère. Le centre de sa position est sur les plateaux du Marlois en face d'Origny-Sainte-Benoîte. Sa ligne d'attaque est dirigée sur Saint-Quentin. Elle a pris une disposition angulaire dont la pointe est dirigée vers Origny de façon à se protéger à droite, au cas où l'ennemi déboucherait de Guise à Etréaupont sur la haute Oise. La 5e armée garde toute la ligne de l'Oise depuis Hirson-Etréaupont jusqu'à la Fère, sauf à Guise où les Allemands ont enlevé les ponts le 28 au soir.

Voici, maintenant, la ligne de bataille allemande.

L'armée Bülow, marchant à la suite de l'armée von Klück, a suivi l'armée britannique et l'armée Lanrezac dans la direction de la Fère. La liaison avait été maintenue très étroitement avec l'armée von Klück après la bataille de Charleroi. Mais celui-ci, ayant besoin de troupes nouvelles pour allonger à sa droite son mouvement vers l'Ouest, a ordonné à son IVe corps actif (von Arnim), qui faisait sa liaison, de se porter sur Montdidier. Ainsi une fissure tend à se produire entre la 1re et la 2e armée. Von Bülow la comble du mieux qu'il peut. En premier lieu, il emprunte à l'armée de von Klück une division du IXe corps, la 17e, qui va maintenir la liaison, à partir du 29, en rétrogradant sur Saint-Quentin.

Von Bülow lui-même est entré à Saint-Quentin. Il y établit son quartier général, le 28 ; le prince Eitel-Frédéric est près de lui. Autour du Quartier Général, un seul corps, le VIIe corps actif ; certainement von Bülow est en l'air. Ce corps, déployé de la route de la Fère à la route de Guise, garde avec ses deux divisions, la 13e et la 14e, les faubourgs de Saint-Quentin, à l'Est et au Sud-Est. Il est en liaison, à sa gauche, avec le Xe corps actif (von Emmich). Ce corps a également deux divisions, la 19e et la 20e ; venant de la Capelle, il avance sur la route de Guise à Mont-d'Origny et Origny, tendant la main vers Saint-Quentin par Homblières.

A gauche encore, se trouve le corps de la Garde (général von Plattemberg). Il marche derrière le Xe corps et il semble bien que les deux soient en liaison à Guise dont ils ont enlevé les ponts, le 28 au soir. Mais la Garde, qui est un corps d'élite avec des cadres et des effectifs puissants, malgré les lourdes épreuves qu'il a subies, lors de la bataille de Charleroi, à Auvelais Arsimont, s'étend sur la rive droite jusqu'à Etréaupont. Son action du 28, à Guise, lui a fourni l'avantage d'une tête de pont sur la rive Sud, avantage qu'il partage avec le Xe corps.

En arrière du corps de la Garde, se trouve, jusqu'au 28, le Xe corps de réserve. Mais von Bülow a le sentiment que le péril pour lui est surtout en avant, à l'endroit de la fissure II enlève donc son Xe corps de réserve et il le jette, par une marche prodigieuse de 70 kilomètres, a sa propre droite, à Neuville-Saint-Amand, pour de là gagner Montescourt et la route de la Fère. C'est un des plus grands efforts militaires qu'un chef ait jamais pu concevoir et obtenir de ses soldats et, entre parenthèses, cela prouve l'entraînement inouï auquel les troupes allemandes avaient été soumises avant la guerre. Le Xe corps de réserve arrive fourbu devant Saint-Quentin, mais il arrive.

Von Bülow ne se trouve pas encore satisfait de cette précaution. Pour la défense de Saint-Quentin et pour la manœuvre qu'il projette sur la Fère, il a appelé encore, comme nous l'avons dit, la XVIIe division qu'il emprunte à von Klück et qui, dans la journée du 29, se rapproche de lui et traverse Saint-Quentin. Et ce n'est pas tout encore : il donne l'ordre à toute sa cavalerie de se porter sur le même point. C'est le fameux corps de Richthofen comprenant la division de cavalerie de la Garde, corps qui opérait, jusque-là, sur la Meuse. Richthofen accourt et, après deux jours de marche, il débouche sur Saint-Quentin, le 28 ; il sera sur l'Oise pour la bataille du 29.

En résumé, Bülow est surpris en pleine marche vers l'Ouest, dispersé sur la rive droite de l'Oise et sur la route de Guise à Saint-Quentin. Mais la journée du 28 lui accorde quelque répit ; il en profite pour se masser et se resserrer. Arrêtant certains corps, pressant la marche des autres, il se renforce au cours même de la bataille ; il hésite encore à attaquer sur la Fère ; car il ne sait si l'armée britannique, maintenant regroupée, tiendra sur ce point ; mais il a pris l'initiative à Guise dès le 28 au soir et menace ainsi, de flanc, l'offensive de la 5e armée, quand celle-ci se prépare à déboucher sur Saint-Quentin.

La route de Vervins à Saint-Quentin et le cours de l'Oise, de Guise à Vendeuil, font comme les deux branches d'un X qui se croisent à Origny. Dans les combats qui vont s'engager sur la partie Ouest de l'X, l'armée française part de la rivière pour s'emparer de la route aux approches de Saint-Quentin. Dans les combats qui vont se livrer sur la partie Est de l'X, l'armée allemande s'appuie sur la rivière pour s'emparer de la route qui vient de Vervins. Le succès de ce mouvement de bascule donnera le sens profond de la bataille : si la bascule penche au Sud-Ouest, les Allemands glissent sur la Fère et prennent la route de Paris : si la bascule remonte au Nord-Est, l'armée française coupe Bülow de ses communications et le rejette sur von Klück. Ajoutez que von Klück, en tête de tout le mouvement, est, à ce moment même, aux prises avec Maunoury à Proyart.

III. — L'événement

Si l'on en croit les récits d'origine allemande, le général de Bülow eut l'initiative à la bataille de Guise Saint-Quentin. Précipitant sa marche en avant, il entendait forcer l'Oise et couper les communications de l'armée Lanrezac et de l'armée britannique. Or, nous savons que cette bataille fut due incontestablement à l'initiative du général Joffre. Les ordres étaient donnés dès le 27 au matin.

Sur un seul point, Bülow eut, en apparence du moins, l'initiative. La marche de ses corps porta à l'improviste deux de ceux-ci sur Guise, dès le 28 à midi, tandis que deux bataillons de réserve français seulement les gardaient, ce même après-midi. Ainsi la bataille s'engagea inopinément ; et l'offensive française se trouva, jusqu'à un certain point, handicapée, de ce côté, au moment même où elle allait se produire. On comprend l'insistance que Joffre avait mise à réclamer l'attaque avant que l'ennemi fut arrivé, en tout cas, avant qu'il eût élargi sa tête de pont.

Combat des ponts de Guise, le 28.

La défense de l'Oise, pour l'après-midi du 28, avait été organisée ainsi qu'il suit : d'une façon générale, elle était confiée aux divisions de réserve du général Valabrègue, qui, arrivées les premières sur le terrain, devaient, tout en gagnant l'emplacement qui leur était assigné en face de Saint-Quentin (Surfontaine), laisser certains de leurs éléments dans les fonds d'Oise pour permettre aux autres corps de déboucher et de prendre leur place au fur et à mesure.

Le général Perruchon, commandant la 53ᵉ division de réserve, avait confié spécialement cette mission à la 106ᵉ brigade (général Journée). Deux bataillons étaient aux passages de Guise et Flavigny avec ordre de tenir à tout prix ; le 48ᵉ bataillon de chasseurs, mis à la disposition du général Perruchon, gardait l'Oise en aval de Longchamps : un régiment à Mont-d'Origny avec un groupe d'artillerie à la cote 120 au Sud d'Origny-Sainte-Benoîte ; un bataillon à Ribemont ; deux bataillons aux ponts de Châtillon-Mézières et Alaincourt. C'était peu de chose pour tenir une si longue étendue de rivière contre les corps allemands qui arrivaient. Mais on supposait que le 18ᵉ corps, le 3ᵉ corps et le 10ᵉ corps se présenteraient à temps.

Nous avons dit les retards, à peu près inévitables, qui s'étaient produits dans la marche de ces corps, un instant embouteillés par la retraite du 1er corps anglais.

La brigade Journée, un peu abandonnée à elle-même, remplit, du mieux qu'elle put, sa mission. « Le brave Journée, très dur pour lui-même, d'un dévouement sans limites, s'est multiplié » dit un rapport. Attaquée partout, sa brigade tint partout, sauf, pourtant, sur un point, le plus important, — Guise.

Par toutes les voies, soit du Nord, soit de l'Est, les troupes allemandes venant de Wassigny et de Landrecies à la suite du 1er corps anglais, venant du Nouvion et de Leschelle à la suite des divisions de réserve françaises, venant d'Étréaupont et de la Capelle à la suite des 18ᵉ et 3ᵉ corps français, se concentraient sur Guise dans la matinée du 28. Les deux bataillons de réserve du général Journée, l'un au pont de Flavigny, l'autre au pont de Guise, un bataillon de chasseurs au pont de Long-champs, subirent vaillamment l'assaut de l'armée ennemie arrivant en forces toujours accrues : la lutte se prolongea tout l'après-midi. Vers trois heures, le pont de Flavigny, qui déborde Guise, est attaqué par de nouveaux régiments ennemis. Dans la nuit, Guise succombe.

L'incident était grave. Cependant, comme nous l'avons dit, l'effet stratégique fut compris rapidement et la riposte immédiate.

La vallée de Guise se heurte, comme nous l'avons indiqué, aux premières pentes du Marlois. C'est de là que descend la contre-partie. La 33ᵉ division (du 18ᵉ corps), qui défilait à proximité, sur le plateau du Marlois, s'arrête, se retourne et contient l'ennemi au débouché de Guise et de la vallée de l'Oise. En somme, l'ennemi fut refoulé ; mais il restait maître des ponts : la bataille rebondira là-dessus, le lendemain matin.

Disons tout de suite que, malgré cet échec, le général Journée n'a pas laissé se disloquer sa brigade. Le lendemain 29, il reprend eu mains ses bataillons éprouvés ; tantôt marchant, tantôt combattant, traversant, dans toute sa largeur, le champ de bataille, il les ramènera le long de la rivière ; il se bat à Jonqueuse ; il se bat à Origny et finit par rejoindre sa propre division (la 53ᵉ division de réserve) à Renansart-

Surfontaine, où il reçoit, du général Perruchon qui le croyait perdu, l'accueil que l'on devine.

Cette odyssée s'était accomplie dans un pays en feu : car, sur toute la contrée, la bataille était déchaînée, le 29.

Derniers ordres pour la bataille.

L'ordre d'attaquer avait été donné à tous les corps en ligne pour l'aube du 29. Mais, d'ores et déjà, s'étaient/intercalés pendant la nuit, entre ces ordres et leur exécution, les deux faits qui modifient, à la dernière heure, les dispositions du 28.

D'une part, le général Lanrezac, en dictant ses ordres, avait cru pouvoir escompter un certain concours de l'armée britannique et c'est pourquoi il y avait inscrit cette donnée sous la forme suivante : « Le 1er corps anglais, débouchant de la ligne des forts Nord de la Fère à cinq heures du matin, marchera vers la partie Sud de Saint-Quentin, sa droite suivant la grande route de la Fère à Saint-Quentin. »

Dans la nuit du 28 au 29, à vingt-deux heures, on téléphonait encore du corps anglais que la cavalerie et l'artillerie se présenteraient sur la ligne des forts Nord de la Fère, mais l'infanterie seulement à midi. Et, tout à coup, le 29, à deux heures du matin, le corps anglais faisait savoir que, d'après les ordres de l'armée, il lui était impossible d'intervenir.

Le général Lanrezac se trouvait donc dans la nécessité de prendre, à la dernière minute, de nouvelles dispositions pour l'offensive sur Saint Quentin. Il décide que, pour combler le vide, les fractions disponibles des divisions Valabrègue (qui forment seules maintenant sa gauche) agiront entre la Fère et Saint-Quentin. Elles auront pour mission principale de flanquer, à gauche, le 18ᵉ corps, avec ordre, si les choses vont bien, de franchir l'Oise vers Hamégicourt et Berthenicourt et d'occuper la grande route Saint-Quentin-la Fère au Sud de Saint-Quentin, vers, Essigny-le-Grand.

Il faut bien reconnaître que cette nécessité où se trouve le général Lanrezac de distendre le front de sa propre armée à l'Ouest altère gravement sa manœuvre, puisque, sur l'un des nœuds de la bataille, son offensive est, non seulement affaiblie, mais « en l'air » ; or, c'est justement sur ce point que le haut commandement allemand va jeter toutes les troupes dont il peut disposer.

L'autre fait, qui s'est produit pendant la nuit, est l'enlèvement des ponts de Guise par les troupes ennemies. Ce fait a une autre conséquence presque immédiate. On apprend que l'ennemi, se massant de plus en plus, occupe la rive droite de l'Oise sur tout le parcours entre Guise et Etréaupont et qu'il se prépare à forcer la rivière. Dès l'aube, le 10ᵉ corps, qui surveille celle région, sera attaqué violemment, tandis qu'il se prépare à attaquer lui-même. Ainsi, la bataille qui s'engage à gauche, face à l'Ouest, selon la volonté formelle du grand Quartier Général, se trouve, en même temps, accrochée à droite, et c'est un juste objet de préoccupation pour le général Lanrezac. Pour parer à cet événement, il fortifie encore cette forme angulaire qu'il a donnée à son front de bataille et prend une mesure qui va la consolider singulièrement.

La bataille du 29 : l'offensive sur Saint-Quentin.

La bataille de Guise Saint-Quentin se divise donc, nettement, en deux parties, selon que l'on considère l'une ou l'autre face de la forme angulaire : la bataille à gauche, en direction de Saint-Quentin, la bataille à droite, face à Guise-Etréaupont. Le sommet de l'angle vise sensiblement Fontaine-Notre-Dame, c'est-à-dire les sources de la Somme à Fonsommes ; il s'agit, en fait, de franchir la crête et de rejeter l'armée de Bülow dans Saint-Quentin, et sur la Somme ; ne pas oublier que l'armée du général Maunoury attaque l'armée von Klück, ce même jour, plus bas sur la Somme, à Proyart.

La force d'attaque sur Saint-Quentin se composait des corps suivants, dont nous avons indiqué les emplacements : 1) à gauche, le 4e groupe des divisions de réserve sur l'Oise, entre Vendeuil-Séry-lès-Mézières ; 2) au centre, le 18e corps, sur les pentes du Marlois (Villers-le-Sec-Parpeville) ; 3) à droite, le 3° corps, en face de Guise (Courjumelles-Bcrlaignemont-le Hérie) ; ce corps est à la tête de l'angle et relie la bataille pour Saint-Quentin à la bataille pour Guise.

Le 18e corps (général de Mas-Latrie) prend la pointe ; il est appuyé, à droite, par le 3e corps (général Hache) et, à gauche, par le groupe des divisions de réserve (général Valabrègue).

Le 18e corps était à peu près intact, car il avait à peine donné à Charleroi, mais il était très fatigué en raison des difficultés de la marche en retraite et notamment, comme nous l'avons dit, par les à-coups de la journée du 28. Pour une mission aussi difficile, la composition de la masse d'attaque, de ce côté, était un peu faible : ajoutons que, dans les corps, on comptait encore, le 29 au matin, non seulement sur la présence, mais sur l'action d'une partie, au moins, de l'armée britannique, attaquant Saint-Quentin par le Sud.

Le 18e corps avait reçu l'ordre d'attaquer dès l'aube de la journée du 29. Sa ligne d'attaque était déterminée par le secteur de l'Oise entre Mont-d'Origny et la sucrerie de Senercy, en amont de Séry-lès-Mézières : Le développement de l'offensive se présentait dans les conditions suivantes : partant des plateaux de Parpeville-Pleine-Selve-Villers-le-Sec (cote 143-145), elle devait s'avancer vers la ligne de chemin de fer de Saint-Quentin à Guise et vers la rivière en suivant les ondulations de terrain qui descendent vers la vallée aux ponts de Séry-lès-Mézières, Sissy, Ribemont, Origny-Sainte-Benoîte ; elle devait ensuite franchir la vallée à travers les prairies, les jardins et les marais, d'ailleurs praticables à cette époque de l'année, puis remonter, de l'autre côté de la rivière, vers les abords de Saint-Quentin, où elle retrouverait une nouvelle zone de plateaux et de terres arables autour de Neuville-Saint-Amand, Itancourt, Urvillers : tels étaient les premiers objectifs. Si on les emportait, on devait se jeter sur Homblières et Marcy, et, ainsi, en cas de succès, on rejetait sur la ville les divisions de von Bülow. Au début de la journée, le 18e corps compte encore sur le concours de l'armée britannique ; en effet, un détachement de la cavalerie du corps (10e hussards avec des canons) a ordre de chercher la liaison avec la droite anglaise, par Itancourt. C'est seulement à sept heures trente que l'ordre arrive de faire un changement de un quart à gauche, pour prendre Saint-Quentin non plus seulement par le Nord, mais par le Sud-Est, en commun avec les divisions de réserve ; cela veut dire que les Anglais n'interviendront pas. L'armée française est obligée de se couvrir plus à gauche. Ce déplacement va donner, soudain, une très grande importance à la position d'Urvillers.

En somme, le corps a deux bonds à accomplir : 1) franchir l'Oise ; 2) se rendre maître des plateaux, au plus près possible de Saint-Quentin.

Le 18e corps, qui n'a pris nul repos de la nuit, s'ébranle à six heures, avec deux divisions en première ligne : la 36e division à gauche, direction Homblières ; la 38e division adroite, direction générale Marcy, par la cote 120 (N.-E. de Sissy). La 35e division, qui a été retardée dans sa marche vers Guise, comme nous l'avons dit ci-dessus, est en réserve et se portera sur la ligne du combat, selon les besoins, au fur et à mesure qu'elle arrivera : elle doit se rassembler à Parpeville.

Du haut de Villers-le-Sec, l'artillerie lourde seconde l'offensive et canon ne au loin, de l'autre côté de la rivière, les villages occupés par l'ennemi.

En quelques minutes, les troupes des deux divisions de tête ont descendu dans la vallée ; elles la traversent et abordent les hauteurs de la rive droite. A six heures trente, le 18e corps occupe les premiers objectifs assignés, les troupes grimpent les pentes de la rive droite en débouchant de Ribemont, Sissy, Châtillon-sur-Oise, Séry-lès-Mézières et Mézières-sur-Oise ; elles tiennent admirablement leurs contacts.

A huit heures cinq, les objectifs indiqués pour le deuxième bond sont atteints. Toutes les hauteurs de la rive droite sont occupées. L'artillerie divisionnaire, avec ses batteries de 75, a suivi le mouvement et couronné ces mêmes hauteurs eu prenant ses vues sur Saint-Quentin et la route de Guise.

En soutien, la 35e division arrive elle-même sur le terrain à neuf heures trente ; on voit ses bataillons compacts déboucher de Parpeville-Pleine-Selve pour caler toute la manœuvre.

Succès ! L'ennemi cède partout. Sur les plateaux, Itancourt, Neuville-Saint-Amand sont abordés. L'aile gauche du 18e corps est à la ferme Lorival, juste à égale distance de la route de Guise et de la route de la Fère.

Mais, ici, les troupes ont une grande désillusion. On leur avait annoncé l'arrivée des forces britanniques. Elles les attendent des heures. Et rien ne se présente. La liaison de cavalerie s'est étendue vers la route de la Fère et n'a pas trouvé une patrouille britannique. « Les Anglais n'arrivent pas !... » Le colonel du 49e est sur cette position de Lorival, les yeux tournés vers l'Ouest, et il ne voit rien. Il n'est pas encore prévenu du grand changement qui vient de se produire dans les ordres.

Mais voici que le commandement traduit ce changement, pour les divisions, par une modification soudaine dans la manœuvre. Au lieu de continuer à se porter vers le Nord pour couper la ligne de Guise, celles-ci s'étendront au Sud-Ouest, vers Urvillers, de façon à consolider l'offensive des divisions de réserve sur la route de la Fère. Car la mission des divisions de réserve est modifiée également : au lieu de se borner à soutenir le 18e corps, elles auront à procéder elles-mêmes à l'attaque sur Saint-Quentin.

Le 18e corps opère le mouvement de conversion à gauche qui lui est ordonné. Il est dix heures du matin. Par un soleil ardent, le soldat montre déjà des signes de fatigue. Heureusement, la 35e division, qui débouche de l'Oise, apporte à l'offensive une vigueur renouvelée. Sur le plateau, la 36e division prend pour objectif Neuville-Saint-Amand et la 38e division Mesnil-Saint-Laurent. La masse formidable s'avance sur Homblières. Homblières et Marcy qui commandent la ligne de Saint-Quentin à Guise sont atteints.

D'autre part, vers Itancourt, la liaison s'est accomplie avec le groupe des divisions de réserve qui, sortant de ses lignes, a passé l'Oise et s'est avancé sur Urvillers.

Offensive des divisions de réserve, le 29 avant midi.

Selon les premières instructions, le groupe des divisions de réserve n'avait pas un rôle de première ligne dès le début de la bataille. Dans la disposition en forme d'angle, adoptée par le commandement, ces divisions se présentaient en échelons refusés, à gauche du 18e corps, avec un triple objet : caler ce corps à l'Ouest, garder les liaisons avec l'armée britannique vers la Fère, protéger la route de la Fère à Saint-Quentin. L'action décisive des divisions de réserve, descendant de la cote de Surfontaine, ne devait se produire que comme coup de massue final sur Saint-Quentin. On les ménageait pour cet objet.

Jusqu'à dix heures du matin, les divisions se reposent (sauf la brigade Journée qui, comme nous l'avons dit, revient de Guise et est accrochée à la défense des ponts). La 69e division de réserve (général Legros), occupant la droite, couvre le 18e corps contre toute attaque venant de gauche. Elle surveille, à cet effet, les ponts d'Hamégicourt. Mais, à neuf heures et demie, le général Valabrègue est prévenu qu'il n'y a plus lieu d'attendre l'armée britannique et il reçoit l'ordre d'attaquer immédiatement Saint-Quentin par le Sud. Donc, le 4e groupe de divisions de réserve doit, avec toutes ses forces disponibles, franchir l'Oise, à son tour. Outre l'artillerie divisionnaire, il est appuyé par trois groupes d'artillerie lourde mis à sa disposition.

La brigade Néraud, de la 69e division de réserve (général Legros), passera l'Oise aux ponts d'Hamégicourt, Berthenicourt, et se portera sur Urvillers pour tendre immédiatement la main au 18e corps sur Itancourt. D'autre part, cette même division gardera ses communications avec la route de la Fère par Essigny-le-Grand. La 53e division de réserve opérera plus au Sud et, après avoir franchi l'Oise, occupera la région Benay-Cerizy. Une brigade de la 69e division, la brigade Rousseau, passe l'Oise à Berthenicourt et se tient en réserve à la forme Puisieux pour se porter, selon les besoins, soit au Nord vers Urvillers-Itancourt en vue de soutenir la liaison avec le 18e corps, soit au Sud, vers Benay-Cerizy, pour protéger la route de la Fère.

Ces ordres sont donnés à dix heures et doivent s'exécuter immédiatement. Il est facile de se rendre compte, dès maintenant, que le nœud de la bataille pour Saint-Quentin va se transporter à Itancourt-Urvillers.

En effet, les avions et les renseignements ont averti l'état-major allemand. Il est rejeté dans la ville si la double attaque, l'une par le Sud (Urvillers-Essigny-le-Grand), l'autre par l'Est (Marcy-Homblières-Mesnil-Saint-Laurent), réussit. Coincé à la fois par le faubourg de Guise et par le faubourg de la Fère, il ne lui resterait plus d'autre ressource que de se jeter sur la route de Vermand-Ham, pour rejoindre von Klück en se trouvant séparé des trois corps de droite, ou de battre en retraite vers Cambrai en laissant von Klück exposé à l'enveloppement.

C'est l'heure critique.

L'anxiété du commandement allemand s'accroît de minute en minute.

En effet, à onze heures du matin, la 69e division de réserve (général Legros) a franchi l'Oise ; elle débouche à gauche du 18e corps, elle atteint Urvillers et Essigny-le-Grand. Les autres éléments des divisions de réserve se développent sur le terrain selon les ordres donnés. Les ponts de l'Oise (Vendeuil, Hamégicourt et Moy, Alaincourt, Berthenicourt) sont couverts de troupes qui gagnent les emplacements assignés. La canonnade devient de plus en plus violente ; elle se rapproche de la ville sur tout le front Est-Sud-Est-Sud.

Il est midi.

L'ordre arrive à la 53ᵉ division de réserve (général Perruchon) de franchir l'Oise, à son tour, pour prolonger la gauche de la 09ᵉ division (général Legros) vers Hinacourt-Benay. L'artillerie de cette division (colonel Massenet) doit passer aussi de l'autre côté de la rivière et se porter, au-delà de Moy, vers Cerizy, pour seconder le mouvement d'enveloppement sur Saint-Quentin.

Le général Legros, commandant la 69ᵉ division, prend la direction du mouvement. Se tenant fortement en liaison avec le 18ᵉ corps par Berthenicourt et Mézières-sur-Oise, il débouche au-delà de la rivière et marche sur Urvillers et Essigny-le-Grand. Il atteint Urvillers, puis Essigny-le-Grand. En liaison avec le 18ᵉ corps à Itancourt, il accomplit ainsi le mouvement d'encerclement sur Saint-Quentin : cinq kilomètres au plus séparent les premières lignes des faubourgs de la ville.

Mais von Bülow commence à réagir. les troupes de son VIIe corps se défendent énergiquement sur Urvillers. Urvillers est perdu, puis repris. Le combat s'acharne en ce point. L'artillerie lourde allemande canonne les soldats du général Legros qui réclament, à leur tour, l'appui du canon. Bülow sent un moment de fléchissement de la ligne ennemie. Il concentre sur Urvillers tous les feux de l'artillerie dont il peut disposer. La situation devient intenable.

Le général Valabrègue, en attendant que sa 53e division puisse intervenir, réclame l'appui du 18e corps sur sa droite : « Tout l'appui que vous pourrez me donner à Urvillers, fait-il dire au général de Mas-Latrie, consolidera les résultats à atteindre en commun par le 18e corps et le 4e groupe de divisions de réserve. » Et, en effet, c'est à Urvillers que se trouve, maintenant, la clef de Saint-Quentin.

Mais le 18e corps était-il en mesure de répondre à l'appel des divisions de réserve ? Avait-il gardé la liberté de ses mouvements en direction de Saint-Quentin ?... Cette liberté d'action ne dépendait pas uniquement de lui : elle dépendait aussi du succès de l'offensive d'appui que son voisin de droite, le 3e corps, avait ordre d'opérer pour dégager la route de (luise vers Ribemont-Mont-d'Origny. Si le 18ecorps n'était pas couvert à droite, il lui devenait évidemment impossible de s'étendre à gauche et de répondre à l'appel des divisions de réserve.

Offensive du 3e corps avant midi.

Le 3e corps qui, dans la disposition en angle, venait un peu en seconde ligne pour appuyer le 18e corps, devait se porter sur le secteur de l'Oise compris entre Ribemont et Macquigny. Mais la disposition des lieux est telle qu'une offensive accomplie dans ce secteur, face à l'Ouest, a pour inconvénient de laisser Guise en arrière et de se décrocher, en quelque sorte, de cette ville. Or, Guise et la boucle de l'Oise ayant été occupés par l'ennemi dès la veille au soir, offrent à l'ennemi les avantages d'une tête de pont : ainsi, il peut prendre à revers une armée se détachant de l'Oise et s'approchant trop rapidement de Saint-Quentin.

Les conséquences de cette disposition vont se faire sentir surtout au 3e corps ; car c'est lui qui, tout en appuyant l'offensive sur Saint-Quentin par sa gauche, doit, par sa droite, faire face à la boucle de l'Oise. Il est obligé de passer l'Oise, de la rive gauche à la rive droite, devant un ennemi qui a lui-même passé la rivière de la rive droite à la rive gauche et qui ne peut manquer, s'il le voit bouger, de s'accrocher à son flanc.

Pour le 29 au matin, le général Hache a pris ses dispositions ainsi qu'il suit : le corps se préparera à passer l'Oise, dès l'aube, avec direction d'attaque vers l'Ouest. Son but principal est de soutenir et de seconder l'offensive du 18e corps.

La 6e division, partant de Courjumelles, passera l'Oise à 9 heures 30, entre Origny-Sainte-Benoîte et Bernot, de façon à se porter, de Thenelles, vers l'Arbre des Saints et ultérieurement, s'il y a lieu, vers les sources de la Somme.

La 5e division (général Bloch), partant des hauteurs de Bertaignemont, passera l'Oise entre Bernot et Macquigny, c'est-à-dire *juste à l'entrée de la boucle de Guise*. Mais elle surveillera avec la plus grande attention les débouchés de Guise vers la ferme de Bertaignemont et tiendra en flanc-garde deux régiments chargés de contenir la pression de l'ennemi.

Comme la 37e division (division d'Afrique, général Comby) n'est pas encore arrivée sur le terrain, elle consolidera la manœuvre dès son arrivée et, selon les circonstances, appuiera le flanc-garde ou soutiendra l'offensive.

Mais c'est ici qu'apparaît l'avantage pour l'ennemi de l'initiative qu'il a prise dès la veille. La ville de Guise et la rive gauche étant occupées, il a été à même d'élargir et de fortifier sa tête de pont pendant la nuit et, tandis que les divisions du 3ᵉ corps s'attardent un peu, il les attaque résolument au pied des plateaux du Marlois, c'est-à-dire vers la ferme de Bertaignemont sur les hauteurs, à 4 kilomètres au Sud de Guise.

Les abords du plateau de Bertaignemont sont occupés par le 36ᵉ d'infanterie qui, surpris, cède du terrain entraînant dans son mouvement le 239e. Et ce recul s'opère de telle sorte que la 5ᵉ division, qui le subit, est obligée de s'adosser à la 6ᵉ division et de combattre face au Nord dans les bois de Bertaignemont, tandis que sa voisine, la 6ᵉ division, a pour ordre de combattre *face à l'Ouest*, pour appuyer le 18ᵉ corps. C'est le point précis où la bataille pour Saint-Quentin s'articule (et assez mal, comme on le voit) à la bataille pour Guise.

Il est onze heures.

En raison de l'échec infligé à la brigade de la 5ᵉ division qui regarde Guise et la boucle de Guise vers Macquigny, cette division est dans l'impossibilité de se rassembler pour passer l'Oise.

Cependant la 6ᵉ division, qui tient la gauche, n'a pas renoncé à marcher sur Origny, où le 18ᵉ corps l'attend. Laissant les soutiens nécessaires pour protéger l'artillerie du corps à Cour-jumelles, elle descend des plateaux, se porte en direction générale de Jonqueuse, tandis que la 5ᵉ division garde la ligne de flanc, dans le petit bois, à 1 500 mètres Nord de Landifay.

Heureusement, à ce moment critique, la 37ᵉ division (troupes d'Afrique) débouche sur le champ de bataille : elle a ordre de jeter, immédiatement, une de ses brigades par Saint-Remy pour reprendre la ferme de Bertaignemont. D'autre part, la 6ᵉ division a forcé les ponts à Origny-Sainte-Benoîte et elle se développe sur la rive droite. Elle seconde ainsi le mouvement du 18ᵉ corps en direction de Marcy-Homblières. Mais, sur ce terrain très dur, le progrès ne peut se faire que difficilement. Et le général Hache est toujours inquiet pour sa droite.

Le général, ayant toutes ses ressources en mains, se résout alors à faire un effort pour maîtriser l'ennemi. Il prend le parti de se retourner, pour en finir avec les éléments du Xe corps allemand débouchant de Guise : laissant donc seulement quelques éléments de la 6e division sur la rive droite, il forme une masse d'attaque avec ses deux divisions et les jette simultanément sur la cote 136 qui domine Jonqueuse et Macquigny et sur la ferme de Bertaignemont. En un mot, il se retourne, de lui-même et momentanément, de Saint-Quentin sur Guise.

Il est midi trente. On comprend, maintenant, qu'à cette même heure, le 18e corps, dans son offensive sur Saint-Quentin et au moment où le groupe des divisions de réserve lui demande du secours à l'Ouest, se sente mal appuyé à l'Est. Quelques bataillons seulement et de l'artillerie du 3e corps sur la rive droite, au lieu du corps tout entier. Sa propre offensive, loin de pouvoir se développer, est arrêtée.

La défense des Allemands à Saint-Quentin.

Voyons ce qui s'était produit dans le camp adverse, du côté de Saint-Quentin, et nous dirons ensuite comment les choses s'étaient passées, dans le même camp, du côté de Guise et au-delà.

Nous avons indiqué la pénurie des ressources dont pouvait disposer Bülow dans la soirée du 28 et même dans la matinée du 20, autour de Saint-Quentin. Surpris, il engage la lutte avec son VIIe corps actif et les premières formations du corps de Richthofen, appelées en hâte de son aile gauche. Ces forces insuffisantes plient, nous l'avons vu, sous l'offensive du 18e corps français, et, un peu plus tard, de la 69e division de réserve, depuis Hombliéres jusqu'à Urvîllers.

Mais nous avons dit aussi que von Bülow n'avait pas laissé sa journée du 28 inemployée. Il avait appelé, de toutes parts, des renforts, et ceux-ci avaient accompli, dans la journée du 28 et dans la nuit du 28 au 29, les marches extraordinaires exposées plus haut.

La XVIIe division, détachée du IXe corps, avait reflué de Vermand sur Saint-Quentin. Il est vrai qu'elle n'arriva dans la ville qu'assez tard dans la soirée ; mais elle est aussitôt jetée sur Hombliéres, D'ailleurs, son artillerie a pu prendre part à la bataille dès le milieu de la journée, et c'est elle, sans doute, qui, tirant de la route de Vermand, accable de ses projectiles les divisions de réserve essayant de déboucher d'Urvillers, dans la direction de Gauchy.

En outre, l'arrivée de cette force devait permettre de soulager le VIIe corps et de le porter plus à l'Est, dans la direction de Guise, pour consolider la situation vers Hombliéres.

Un secours plus prompt et plus efficace encore était apporté, dès le 28, par le puissant corps de cavalerie du général Richthofen : ce corps d'élite avait reçu l'ordre de quitter, le 27 au soir, l'aile gauche de l'armée von Bülow et, « par des marches forcées de plus de 40 à 50 kilomètres par jour, » de venir prendre place sur la droite de la même armée pour boucher la fissure qui commençait à se produire entre elle et l'armée von Klück. Il arrivait à temps. En effet, ayant, le 28, bousculé le 10e territorial à Bellenglise et à Harly, il était jeté, le 29, en plein dans la bataille sur Urvillers, et c'est certainement ce corps de cavalerie qui, non sans pertes lourdes, fit, de ce côté, pencher la balance : « Le matin, à onze heures, la division avança sur le champ de bataille. Notre place était excessivement dangereuse. Nous étions sur une plaine de travers sans aucune couverture. En cinq minutes, notre compagnie, avait 5 morts, 43 blessés et 5 manquants. »

Enfin, Bülow reçoit un autre renfort, non moins précieux et qui doit achever son succès : c'est le Xe corps de réserve dont nous avons tracé précédemment l'itinéraire. Ce corps parti de Boue, le 28, a marché dans des conditions de hâle telles qu'il se battait vers Neuville-Saint-Amand, le 29. C'est le plein champ de bataille du côté de Saint-Quentin. Sans perdre une minute, il est porté sur Itancourt, c'est-à-dire au point précis où se trouve l'articulation du 18e corps français et des divisions de réserve et où l'offensive conjuguée fait plier la ligne allemande vers midi.

Nous citerons, sur ce point, un document allemand, le carnet de route du lieutenant Arthur Kutscher, appartenant à ce corps ; car il s'agit du nœud même de la bataille « pour Saint-Quentin. »

29 août : Vers 7 heures, départ pour Itancourt. Des coups de, canon ; des obus passent en sifflant au-dessus de nos têtes. Partout nervosité… Pas d'ordre pour nous… Attendons. Puis nous recevons notre direction ; le bataillon marche abrité dans les fossés de la route jusqu'à la sortie du village (vers Urvillers). Une compagnie se développe ; les autres restent devant la hauteur. Des obus ! Les gens disent : « Mon lieutenant, il est impossible de rester ici. » Comme nous n'avons pas reçu d'autres ordres, nous restons. L'ordre arrive de se porter à droite, derrière trois meules de paille. J'y conduis la section. Le commandant s'y trouve. Des obus ! Par ordre, nous restons et nous attendons, tandis que deux compagnies se déploient à droite et à gauche. Un obus éclate à gauche, devant moi, et tue 5 hommes, en blesse 7. Ordre de rester. On s'enterre dans la paille et on se disperse le plus possible... Après être demeurés peut-être une heure dans la zone des shrapnells, j'occupe avec 80 hommes environ un chemin creux et un champ de raves pour couvrir le flanc droit. Mais cela va tout autrement à l'aile gauche (vers Itancourt). D'abord, de petits détachements des nôtres, puis de plus grands, reculent sous le feu croissant des fusils et des shrapnells français. A deux heures et demie, le front paraît se modifier. Tandis que nous pénétrons à droite, l'ennemi fait de grands progrès à gauche. Nous observons de grands mouvements de troupes ennemies contre notre position. Notre infanterie abandonne les hauteurs et notre artillerie, obligée de les évacuer, ne peut les réoccuper sous le feu violent de l'ennemi. *J'ai l'impression que la situation est très critique.* Les lignes françaises s'avancent sur nous. Je vois les officiers français à cheval et les troupes défiler tranquillement par deux pour prendre position. Notre artillerie ne les gêne pas. Elle est sensiblement plus faible... »

Rien ne peut donner, avec plus de réalité et de force, l'impression du succès incontestable de l'offensive française.

Il est intéressant de mettre, en face de ce récit, Celui d'un sergent français appartenant à la division qui fait reculer les Allemands. On comparera les deux manières.

L'écrivain du carnet, André Viénot, est sergent au 251e d'infanterie de réserve, division Legros :

29 matin : Au centre du village d'Hamégicourt, le général Néraud à cheval (il commande la brigade) cause avec le divisionnaire (général Legros) qui termine ses instructions près de l'auto. Je happe la dernière phrase : « N'engagez rien pour le moment. »

On perçoit le canon à l'Ouest, notre direction de marche. L'ordre arrive de rejoindre le régiment. La montée est longue et rude au sortir du village et les hommes, égrenés sur 300 mètres, la gravissent selon leur pas que ralentit le soleil chaud. Nous avons atteint le rebord de la vallée. La plaine recommence. Le canon nous parvient mieux que dans les fonds. Une grande route plantée d'arbres, celle de Saint-Quentin (route nationale 44 de Cambrai à Châlons-sur-Marne). De tous les côtés, des betteraves (c'est la région de la Guinguette. à proximité d'Urvillers). Un coup de canon clair, sec, net ; un second : une batterie de 75 s'est établie dans un bouquet d'arbres. « Par salves ! » Quatre flammes d'enfer, offensantes, sortent en même temps des quatre pièces et les quatre sifflements déchirent l'air comme une étoffe. Quelques secondes, l'éclatement lointain. « Qu'est-ce qu'on leur passe là-bas ? » Et ce n'est pas fini ! Il en arrive encore, des artilleurs ! « Ligne de section par quatre ! » Nous descendons l'autre versant de la crête… Les pièces tirent encore ; et, maintenant, nous voyons sur quoi. On bombarde le village. « En tirailleurs ! Marche ! »

L'ennemi a dû nous voir, car les obus arrivent. Inopinément sur la crête partent des coups de fusil. Une ligne de tirailleurs se lève, s'arrête, tire encore. C'est la bataille, la vraie bataille. Le capitaine nous renseigne par l'agent de Maison. On doit enlever le village d'Urvillers, à trois kilomètres. Six compagnies allemandes l'occupent. Le soleil est torride. Le combat ronfle en avant de nous. On distingue les éclatements proches. Un obus, deux obus qui nous couvrent de terre. Des balles frappent, des hommes culbutent et poussent une plainte rauque ou tendre, élémentaire…

Qu'entend-on à droite ? Le tambour ? Oui ! Et le clairon ! Sur la route, la clique bat la charge, « Baïonnette au canon ! » On crie : « Doucement ! ne courez pas ! » Nous avançons sur un rang et la ligne se prolonge, loin à gauche, marquée par l'étincellement des baïonnettes qui piquent obliquement le ciel bleu. Les tambours se pressent ; le rythme est plus vif. « En avant ! » Et tous les hommes clament : « En avant ! » C'est la grande minute, celle où l'esprit souffle. Un frisson électrique tend mon front, contracte la racine de mes cheveux. Les tambours s'enragent ; le vent chaud perle les notes du clairon :

Y a la goutte à boire, là haut !
Ya la goutte à boire…

Les hommes gueulent. Ils y sont tous : Merda, Rasmont, Girard, tous, transportés ! Il en tombe. Enjambons-les !… On nous arrête. Cette charge semble folle sur un village distant de neuf cents mètres pourvu, sans doute, d'une défense intacte. Des ordres circulent : « Couchez-vous ! faites des abris !… »

L'offensive s'arrête à 900 mètres d'Urvillers. Comparez les deux récits ; ils se raccordent exactement ; nous savons, par le témoignage de Kutscher, qu'au moment où le clairon français sonnait la charge, la défense était loin d'être tranquille de l'autre côté. Ce sont ces minutes qui décident parfois du sort 'des batailles.

Dans le camp français on ne se rendait pas compte de ce qui se passait dans l'autre camp. A la guerre, et surtout dans cette guerre, on ignore le mal que l'on fait à l'ennemi.

La bataille pour Saint-Quentin l'après-midi du 29.
Échec de l'offensive.

Nous sommes au milieu de la journée du 29.

La bataille est en suspens. Comment va-t-elle se décider ?

Il s'agit de suivre, d'abord, la pointe du 18e corps, au moment où la 69e division de réserve demande du secours à gauche vers Urvillers et où le 3e corps, à droite, se détourne de la route de Guise à Saint-Quentin pour repousser le Xe corps actif qui, de Guise même, monte à l'assaut de Bertaignemont-Colonfay.

Deux des divisions du 18e corps ont atteint Homblières et Marcy sur la route de Guise et, de là, attendent le 3e corps ; à gauche, le 18e corps s'est allongé vers Urvillers pour donner la main au groupe des divisions de réserve.

Dans ces conditions, il était bien difficile au général de Mas-Latrie de répondre à l'appel des divisions de réserve arrêtées devant Urvillers. Cependant, il peut encore porter de ce côté une partie de son artillerie divisionnaire. (Ce sont ces va-et-vient de l'offensive que le lieutenant Arthur Kutscher observait de l'autre camp.)

En somme, l'offensive du 18e corps en direction de Saint-Quentin se trouve réduite à une division, la 36e ; celle-ci est en flèche, mal protégée à droite et à gauche. Et c'est le moment où commencent à déboucher sur le champ de bataille, du côté des Allemands, les renforts appelés par von Bülow. Le corps de cavalerie de Richthofen, le Xe corps de réserve, prêtent main-forte à la contre-attaque sur Itancourt-Urvillers et permettent ainsi au VIIe corps actif de s'élargir sur la route de Cuise, vers Homblières et au-delà.

Cependant, l'offensive des divisions de réserve n'a pas dit son dernier mot : la 53e division de réserve (général Perruchon) n'a pas encore donné. Sur l'ordre du général Valabrègue, elle s'ébranle et s'avance, à son tour, pour prêter main-forte à la division Legros.

Vers une heure, le général Legros a fait demander au général Perruchon de le soutenir sur sa gauche et surtout de lui envoyer de l'artillerie. Le général Perruchon allonge le trot de « es batteries qui suivent les passages sinueux de la vallée et passent les petits ponts de l'Oise et du canal en doublant l'infanterie.

L'Oise est franchie. Le bataillon de tête s'élève rapidement sur les pentes du plateau ; la 105e brigade a ordre d'attaquer droit sur Benay-Hinacourt, tandis que les quatre groupes du colonel Massenet avancent, sont mis rapidement en position et font feu de toutes leurs pièces en tirant vers l'Ouest, du haut de la cote 115, à 1500 mètres, au Nord de Cerizy. (Ce sont ces rafales qui rendent la vie si dure aux Allemands derrière les trois meules à la sortie d'Itancourt.) « Ça marche bien, dit un carnet de route français ; nous sommes en mesure, l'infanterie arrivant, de rétablir la situation à droite. »

L'infanterie, ayant en tête la 236e compagnie (capitaine Jacquet), débouche à l'Ouest de Moy, suit la grand'route de Vendeuil à Cerizy, se dirigeant vers la Guinguette et la Folie (cote 117) qui domine Urvillers. « Les vaillants réservistes, Parisiens et Normands, montent, courent, sac au dos. Braves *poilus* ! qu'on appelait déjà ainsi au camp d'Auvours au mois de juin ! » On affirme que Benay est occupé.

Le général Legros sera-t-il secouru à temps ? Les batteries continuent à tirer ; la 105e brigade (général de Montangon) est sur le plateau Hinacourt-Benay ; le 205e en échelons à droite. « Les affaires vont bien jusqu'à ce moment. » (16 heures.)

Mais les renforts allemands, entrés en ligne, deviennent de plus en plus nombreux et portent leur contre-attaque sur Hinacourt-Urvillers.

Le général Legros ne peut tenir plus longtemps. Après avoir subi de lourdes pertes, il doit abandonner définitivement Urvillers, repris une troisième fois ; il perd la ferme de Puisieux ; il perd la Guinguette, il se demande même s'il pourra tenir sur la rive droite de la rivière. Or, au même moment, le 18e corps (général de Mas-Latrie) fait savoir que, menacé sur sa droite, il est obligé de se replier également au-delà de l'Oise, à Mézières et Châtillon-sur-Oise.

D'autre part, des troupes allemandes (sans doute du Xe corps) apparaissent sur la Fère et y écrasent un de nos bataillons, bataillon Brémont à Ly-Fontaine.

Le général Perruchon sait, d'ailleurs, que les Anglais sont, d'ores et déjà, à un jour de marche en arrière. Il craint d'être tourné. Il ordonne à son artillerie de quitter la hauteur de Cerizy où elle est encore, tirant toujours sur Urvillers, et de repasser l'Oise à Vendeuil et à Hamégicourt.

Cependant, le brave 5e bataillon du 236e, qui avait atteint la Guinguette à 15 heures en repoussant les Allemands, garde sa position, sous les assauts répétés de l'ennemi. Il reste là jusqu'à 19 heures, protégeant la retraite de la 69e division. Les blessés sont évacués sur Moy où fonctionnait encore une ambulance anglaise.

Puis, comme les 205e et 319e gardaient la rivière, ce bataillon, très éprouvé, allait bivouaquer à Renansart. En somme, les divisions de réserve ont perdu le terrain conquis dans la matinée. Mais elles gardent les débouchés de l'Oise depuis Vendeuil, aux portes de la Fère, jusqu'à Berthe-nicourt et maintiennent, en ce dernier point, leurs liaisons avec le 18e corps. La bataille tombe avec la nuit ; l'ennemi ne poursuit pas.

Le lieutenant A. Kutscher nous montre ce qui s'est passé dans le camp allemand, durant cet après-midi si mouvementé :

... *à 2 heures* : On nous dit que nous devons attendre, tenir à tout prix, le chemin creux (à proximité d'Urvillers en sortant d'Itancourt). Mais la distance est encore trop grande pour tirer utilement. L'artillerie ennemie bombarde fortement la nôtre à l'aile droite (c'est celle qui tire de Cerizy). La nôtre est visiblement inférieure et c'est, en une telle journée, une impression très pénible... Tard, vers six heures, nouveau mouvement à l'aile gauche (c'est-à-dire vers la route de Guise). Nous recevons d'importants renforts d'artillerie et de mitrailleuses. Nous sortons presque de la zone de feu. Devant nous, on n'observe rien de nouveau. A droite, en bas (c'est-à-dire vers la vallée, à la Guinguette), on lutte énergiquement. La partie, qui était presque perdue, change à notre avantage. Du secours nous vient du VIIe corps de l'active (c'était lui qui opérait jusque-là vers Homblières et qui peut maintenant dégarnir la route de Guise).

L'adjudant vient à nous et nous affirme que la situation s'améliore beaucoup. Des officiers d'état-major traversent librement le champ de bataille à cheval pour faire leurs observations. La journée est gagnée ;

cependant, nous devons sortir et attendre des ordres. Nous cherchons les autres sections dont nous sommes séparés. Nous enterrons nos morts sous le poirier. On s'efforce de regrouper le régiment dispersé. Après une heure, l'adjudant nous appelle. Le régiment se réunit à l'entrée Est d'Itancourt. Nous abandonnons nos creux et rejoignons ce qui reste de troupes… Les cuisines arrivent. Nous dormons là après avoir avalé une portion de soupe…

Ce récit prouve que, non seulement le Xe corps de réserve n'a pas pris la poursuite mais qu'il n'a même pas abordé les hauteurs qui dominent la rive droite de l'Oise.

Complétons, d'autre part, l'exposé de la journée, du côté français, par les impressions du sergent André Viénot ; il raconte les incidents de la retraite avec une franchise à la fois parisienne et militaire : Le repli s'échelonne… Une section tire. L'autre monte un peu la pente et tire à son tour. Cet ordre mécanique recompose le caractère : on fait face. Je demande à un sergent : « Sur quoi tire-t-on ? — Tu ne les vois pas, là-bas, entre le petit bois et la route, adroite ? » Mais si, je les vois : les matins ! A mille mètres ! Ils s'abritent derrière les gerbes de paille et s'en servent pour avancer. Ce n'est pas eux qui marchent ; c'est le champ. Nous garnissons la hauteur et tirons sur les moyettes vivantes. Les gradés maintiennent et stimulent leurs hommes, les racolent : « Rassemblement. Il faut les dégager, les camarades ! Tu dois bien tirer, toi ! » Le capitaine Avelot, un grand centurion, au bon sourire, décoré d'une médaillé coloniale, a pris un fusil et paie d'exemple. De notre butte, nous canardons, par-dessus les arbres de la route, une compagnie qui vient vers nous. « Cessez le feu ! » La clarté diminue. Sous le ciel moins rayonnant, les masses du paysage s'ordonnent. Au loin, les obus renfoncent la couche d'air, inégaux en son. Le capitaine s'adresse à nous. « Je ne sais pas où, est le régiment. Si vous devez être sauvés par quelqu'un, vous le serez par moi. Je vous conseille donc de m'obéir. Ce soir vous ferez encore une longue marche, mais ensuite vous dormirez et mangerez. » J'apprends l'intention du capitaine. Il veut retourner au cantonnement d'hier matin, à Renansart, pour s'y renseigner sur la division, voire même sur le régiment... Nous arrivons à Renansart. Le régiment y est. Nous avons erré la nuit... Marin nous accueille : il connaît les nouvelles. Le grand coup a eu lieu hier. Notre échec ne signifie rien. L'ennemi est repoussé : nous sommes vainqueurs. Les officiers s'entretiennent des pertes : le colonel a été tué sur la route d'un éclat d'obus au crâne. Il a expiré tandis qu'on le transportait. Le commandant Théron a été blessé à la poitrine. Le capitaine Dolbeau ne pourra pas survivre. Un grand nombre d'hommes aussi sont morts ou blessés... Je m'assieds sur un gros tronc à côté de Marin. Il me répète que la journée a été bonne, puisque le régiment a couché deux nuits au même endroit. On savait bien qu'il suffisait de vouloir pour les battre.

Ainsi, dans le désordre d'une retraite, d'ailleurs solidement maintenue, le bruit d'un succès de l'armée française s'était déjà répandu, même dans ces divisions de réserve, les plus éprouvées. Et, en effet, la journée avait pris, sur d'autres points du champ de bataille, une tout autre tournure.

Fin de la journée du 29, au 18ᵉ et au 3ᵉ corps : Il suffit, en effet, de suivre la bataille en remontant vers le cours supérieur de l'Oise pour voir les teintes de moins en moins sombres se dégrader au fur et à mesure que l'on se rapproche de Guise. Nous avons quitté le 18e corps au moment où il s'accroche péniblement entre la route de la Fère (vers Urvillers) et celle de Guise (vers Homblières) pour entourer au plus près Saint-Quentin. La 36e division est en flèche dans cette position difficile, tandis qu'à, gauche, les divisions de réserve commencent à fléchir et qu'à droite, les deux autres divisions du corps, la 35e et la 38e, ne pouvant plus compter sur le 3e corps pour un mouvement au-delà de l'Oise, sont obligées de s'échelonner face à l'Est de façon à parer à l'offensive allemande débouchant de Guise et menaçant de couper les ponts de ce côté.

A 14 heures, la 36e division, la division de flèche, est attaquée par les forces importantes venant du Sud de Saint-Quentin (c'est le Xe corps de réserve qui s'est rendu maître de la route de la Fère et qui débouche sur Urvillers-Itancourt). La 30e division, épuisée, ne peut tenir plus longtemps la ligne de communication entre les deux routes de la Fère et de Guise par Itancourt-Neuville-Saint-Amand-Mesnil-Saint-Laurent-llomblières. Elle se replie lentement et, vers 10 heures trente, elle est obligée de repasser la rivière. Mais elle reste maîtresse des passages à Mézières-sur-Oise, Châtillon-sur-Oise, Sissy.

Ce mouvement entraîne celui de la 38e division (troupes d'Afrique, général Muleau). Ces braves troupes avaient franchi l'Oise à Ribemont ; elles progressaient normalement sur la rive droite, ne rencontrant qu'une faible résistance. Elles restent, le plus longtemps possible, sur ce terrain et se cramponnent aux hauteurs 120-127 qui dominent Sissy et Thenelles. Mais à la nuit, leur position sur la rive droite est trop exposée ; elles sont ramenées sur l'Oise.

Quant à la 35e division, elle n'a pas quitté la région Parpeville-Villers-le-Sec, où elle est arrivée bien tardivement et en assez mauvais ordre après l'engagement du 28, où plusieurs des régiments, notamment le 57e, ont été sérieusement éprouvés. Le 29, elle n'a pris part au combat que dans l'attaque sur Jonqueuse.

De ce côté encore, l'ennemi ne poursuit pas. Les débouchés de l'Oise restent entre nos mains. Si les troupes d'une des divisions ont eu une rude journée, les deux autres divisions, du 18e corps, la 38e et la 35e sont à peu près indemnes. Les unités sont recomposées pendant la nuit et sont en état de reprendre l'offensive le lendemain. A la droite du 18e corps, le 3e corps (général Hache) est à l'articulation du décrochement si dangereux qui met en péril toute l'opération offensive sur Saint-Quentin si elle n'est pas protégée de ce côté. Le 3e corps a dû faire face à l'Est et même au Nord, sur la rive gauche, pour contenir et refouler toute manœuvre ennemie venant de Guise. Ainsi, il forme, comme nous l'avons indiqué, la pointe de l'angle : un côté étant tourné au Nord-Ouest, celui-ci regarde au Nord-Est.

Cependant l'ennemi, c'est-à-dire le Xe corps, sortant de Guise, s'en prend aux plateaux du Marlois. Il a passé l'Oise aux ponts de Guise et à Flavigny et il se jette à l'assaut de Bertaignemont-Landifay. Le général Hache, sentant le péril d'une telle manœuvre, a fait une masse, de sa 5e division (Bloch) qui a déjà perdu la ferme de Bertaignemont, de sa 6e division (Verrier) qu'il arrête dans son mouvement au-delà de l'Oise, et il emprunte même momentanément au 18e corps le concours de la

35e division. Cette force considérable va être jetée en partie sur Jonqueuse (au nord du plateau) pour prendre de flanc la contre-attaque allemande avec mission de rejeter à la rivière toute force ennemie qui l'a franchie. Les éléments de la 0e division qui ont passé sur la rive droite ne seront rappelés que si leur intervention est reconnue indispensable : ils gardent la route de Guise-Saint-Quentin et protègent toujours la droite du 18e corps.

Le Xe corps allemand et peut-être quelques éléments du corps de la Garde se sont massés entre Audigny (Sud-Est de Guise) et Mont-d'Origny, à cheval sur la route de Guise, centre sur Jonqueuse.

C'est donc un choc direct entre les deux manœuvres, celle qui débouche de l'Oise et celle qui entend l'y rejeter. De part et d'autre, l'objectif central est la colline cote 136, un peu au Nord de Jonqueuse. La bataille est à son plein à partir de 15 heures quarante.

Le général Hache, qui n'a pas quitté Landifay et qui a été, plus d'une fois, exposé, a maintenu le corps par son exemple et son impassibilité sous le feu. La progression de l'ennemi est arrêtée. Mais cela ne suffit pas : il faut le repousser tout à fait, le rejeter dans la rivière. Le général Hache prend son parti... Mais, à partir de ce moment, la manœuvre du 3e corps va se confondre dans la manœuvre plus générale, qui, se produisant en direction de Guise, décidera du succès de la journée.

Ainsi, le rôle du 3e corps nous met en présence de la « bataille pour Guise. »

Avant d'exposer celle-ci dans son ensemble, résumons, en quelques mots, la bataille « pour Saint-Quentin » dans la journée du 29.

Le matin, avant midi, offensive heureuse des corps français avançant jusqu'aux approches de la ville. Dans l'après-midi, par l'arrivée des renforts allemands, Saint-Quentin est dégagé ; les troupes françaises sont ramenées à leur point de départ. Cependant, elles tiennent toujours le cours de l'Oise : sauf, un instant, à Mont-d'Origny, l'ennemi n'a franchi la rivière nulle part, de la Fère jusqu'aux approches de Guise.

Ce n'est donc pas une bataille perdue, de ce côté : or, c'est une bataille gagnée de l'autre.

La bataille pour Guise, 29 août.

Comme la bataille pour Saint-Quentin, la bataille pour Guise, dans la journée du 29, a eu ses alternatives, mais en sens contraire : âpre et contestée dans la matinée, elle tourne, dans l'après-midi, au succès déclaré.

Nous avons mis les deux forces en présence sur le terrain, le 28 au soir ; d'une part, la force allemande composée de la Garde à l'Est et du Xe corps actif à l'Ouest, et, d'autre part, le 10e corps français, le 1er corps, la 51e division de réserve et la 4e division de cavalerie. Nous avons vu l'avantage pris, dès le 28 au soir, par les forces allemandes qui se sont emparées des ponts de Guise et de Flavigny. Nous, avons vu, par contre, la précaution prise par le général Lanrezac, qui, soucieux de parer à une attaque possible des forces allemandes sur sa droite, a consolidé la face Nord-Est de l'angle formé, de ce côté, par son armée.

En forçant le débouché de Guise, le 28, et en consolidant leur tête de pont, dans la nuit du 28 au 29, les Allemands avaient, en raison de la nature du terrain, pris une position extrêmement forte. Ce fut, pour l'armée française, une entrave dont nous avons vu les suites dans la bataille pour Saint-Quentin et nous allons les retrouver, maintenant, dans la bataille pour Guise.

Dès l'aube, le général Lanrezac s'est aperçu qu'il n'est plus entièrement maître de ses mouvements : tandis qu'il attaque sur Saint-Quentin, il est attaqué à la fois à Guise, à l'Ouest de Guise et à l'Est de Guise. Son attention est, nécessairement, retenue de ce côté.

Les deux corps allemands qui tentent ainsi de déplacer la croix de l'X sont répartis, à leur arrivée, sur toute la ligne de l'Oise : à droite, le Xe corps (Macquigny-Guise-Flavigny), à gauche, la Garde (de Flavigny à Montceau-sur-Oise, Marly, Etréaupont). Grâce à sa tête de pont de Guise, l'ennemi, prenant l'initiative, attaque de front à partir des premières heures du jour.

Mais, au débouché de la rivière, il se heurte, d'un bout à l'autre du champ de bataille, aux plateaux du Marlois.

Ces plateaux forment une sorte de citadelle, un quadrilatère parfaitement délimité par la nature. L'ensemble du plateau est, en moyenne, à la cote 100-130. Son sol est composé, en général, de la craie mêlée à l'humus, qui forme le riche tapis de culture de ces admirables plaines agricoles. Passé l'Oise, peu d'eaux courantes : des *mares* (Le Mé, Marfontaine) ; des bois de peu d'importance (bois de Clanlieu, bois de Puisieux, bois de Marfontaine, bois de la Cailleuse), garnissant, par place, la crête centrale ; et, surtout, de quelque côté qu'on se tourne, des champs, des champs à perte de vue, des champs fertiles, couverts de récoltes sur pied ou « en moyettes », à cette date du 29 août. En somme, un champ de bataille incomparable : une immense terrasse aux larges horizons, aux vastes ondulations se rejoignant par des plis de terrain où s'abritent les agglomérations rurales : villages, hameaux, *rues*, fermes isolées, se nommant, selon qu'ils occupent les fonds, avoisinent les bois ou couronnent les sommets : la Vallée-aux-Bleds, les Préaux, les Bouleaux, la Désolation, etc.

Nous avons montré la pointe de l'angle que forme l'armée française à l'extrémité de la terrasse vers l'Ouest. Elle est prise à partie, dès le 28 au soir, par l'attaque allemande sur les ponts : le général commandant la 35e division a cru devoir arrêter son mouvement pour faire face à l'ennemi et le contenir sur la rivière. Cependant, les autres corps français ont continué de défiler sur la rive gauche de l'Oise pour s'avancer vers Saint-Quentin ; ils se sont, pour ainsi dire, transmis la consigne de ne pas laisser l'ennemi sortir des fonds d'Oise et accéder à la route de Guise Saint-Quentin, qui suit le pied des plateaux du Marlois.

Les Allemands, d'ailleurs, n'ont pas insisté : ils se sont massés, pendant la nuit, au débouché de Guise, entre Flavigny et Audigny. Les éléments attardés sont accourus de La Capelle, Leschelle et Le Nouvion. Ils étaient en ligne sur la rivière, au pied de l'angle formé par la bataille, française, quand le soleil se levait dans le brouillard (de ces brouillards épais de la vallée de l'Oise), le 29 au matin.

La consigne des corps français était : attendre, voir venir, mais rejeter l'ennemi dans la rivière s'il faisait mine de déboucher.

Le général Lanrezac a compris le danger auquel l'expose la manœuvre ennemie : aussi, dès le 28 au soir, il a pris ses dispositions pour être en mesure d'exercer, le cas échéant, une action décisive de ce côté. Il peut disposer d'un corps tout à fait intact, le 1er corps. Changeant l'ordre de marche, il a glissé ce corps entre le 3e et le 10e, de manière qu'il puisse, le cas échéant, frapper à droite ou frapper à gauche ; en un mot, il a consolidé encore la forme angulaire qu'il a adoptée en s'inspirant des circonstances et de l'initiative de l'ennemi.

De telle sorte que, dans la nuit du 28 au 29, le 1er corps, doublant le pas, est en train de s'intercaler juste en face du débouché de Guise, sur les pentes des plateaux ; l'opération demande quelque temps pour être exécutée ; mais, à neuf heures trente, la 1re brigade et un groupe d'artillerie auront atteint Laudifay et pris la liaison avec le 3e corps. Les autres éléments arrivent successivement : la 2e brigade et le 2e groupe d'artillerie divisionnaire à hauteur du chemin de Faucouzy sur la grande route transversale de Vervins à Guise ; la 2e division, plus en arrière de quatre kilomètres, à Housset.

En un mot, par cette belle manœuvre, Lanrezac pare à tout événement : si une fissure se produisait entre les corps qui opèrent sur Saint-Quentin et ceux qui restent entre Guise et Vervins, on la comblerait par l'intervention du 1er corps ; sinon, le 1er corps renforcerait puissamment l'offensive principale sur Saint-Quentin.

Il convient d'observer, toutefois, qu'en attendant l'entrée en ligne du 1er corps, le 10e corps est seul à la garde de la rivière, en aval de Guise, et il faut bien reconnaître qu'il est en médiocre posture, ayant en face de lui deux corps ennemis, de Guise à Étréaupont ; ceux-ci ayant même l'avantage de faire pression sur son angle tactique par son flanc gauche, au débouché de Flavigny.

Pour plus de sécurité, le général Lanrezac a fait tout ce qu'il a pu pour consolider, encore plus, son front de ce côté. Il a calé son 10e corps par deux divisions mises à sa disposition : la 4e division de cavalerie (général Abonneau) et la 51e division de réserve (général Bouttegourd). Les deux divisions opèrent ensemble ; elles occupent la région de Vervins ; elles pourront, au premier appel, agir sur les éléments allemands qui déboucheraient de l'Oise par Étréaupont.

Combats du 10e corps sur les pentes et la crête du plateau du Marlois.

Tandis que l'ennemi a franchi ou est en train de franchir les ponts de l'Oise de Macquigny à Étréaupont, trois corps de l'armée Lanrezac s'apprêtent à le recevoir ou même à descendre sur lui du haut du quadrilatère marlois.

La bataille s'est engagée, très ardente, dès l'aube du 29. Aux dernières heures de la nuit, la nouvelle de la perte des ponts de Guise et de Flavigny s'étant confirmée, le 10e corps a reçu l'ordre de prendre son point de départ de Puisieux et de s'emparer, à la pointe du jour, du village d'Audigny qui commande les fonds d'Oise. La 20e division est chargée de cette mission ; la 19e division la soutiendra au Sud de Colonfay, à cheval sur la route de Sains-Richaumont, tout en gardant les autres ponts de l'Oise à Romery, Montceau, Proisy.

La 38e brigade est en réserve du corps d'armée à Sains-Richaumont.

Cette action va se dérouler sur les pentes ondulées qui, de la crête, descendent vers l'Oise : c'est-à-dire à la fois sur le rebord septentrional des plateaux et dans les villages herbus formant, dans les fonds, comme une sorte de petite Thiérache. Le 10e corps marche sur

Audigny. Le brouillard est intense : on ne voit pas à six mètres devant soi.

Tout à coup, au moment où les avant-gardes entrent dans Audigny, la division est attaquée, sur son flanc droit, par des troupes allemandes qui, venant des ponts de Guise, se sont glissées à la faveur de la brume. Un combat très dur s'engage dans les rues du village. Des masses ennemies accourent de Guise et de Flavigny ; elles s'élargissent à leur droite et grimpent jusqu'à la cote 160 (la Désolation) ; de là, elles dominent l'articulation des deux batailles, celle de l'Ouest par Jonqueuse, celle de l'Est par Clanlieu-Colonfay. L'artillerie du 10e corps, établie à la cote 164 (Est d'Audigny), a ses vues bouchées à cause du brouillard et ne peut pas tirer. Les deux régiments engagés vers Audigny, 47e et 2e, gardent le village et contiennent les troupes ennemies jusqu'à huit heures ; mais ils sont obligés de se replier ; l'artillerie les suit et le mouvement de repli s'accentue sur Clanlieu. La 40e brigade est donc hors d'état de reprendre Guise et les ponts.

Cependant, la 20e division était attaquée sur le front Puisieux-Colonfay. Après diverses alternatives, la bataille se ramasse au point de croisement des deux routes centrales du plateau, auprès de Sains-Richaumont. Un bataillon du 136e (bataillon Boniteau), dont l'attitude va décider du sort de la journée, s'accroche au terrain vers dix heures, entre Sains et Richaumont et, renforcé par des groupes qui se joignent à lui, il ne se laisse pas entraîner par la retraite de la 38e brigade. Aucun effort de l'ennemi ne peut lui arracher la ligne sur laquelle il s'est établi, un peu en avant de la lisière de Sains.

A notre droite, l'ennemi accomplit un mouvement d'enveloppement : on s'aperçoit alors que des forces importantes ont passé l'Oise par tous les ponts, de Guise à Etréaupont ; l'ennemi refoule la 19e division à travers le bois de Marfontaine jusqu'à Chevennes. Il s'est emparé de Voulpaix.

La 38e brigade, soutenant le bataillon Boniteau, s'accroche à la ligne de crêtes en avant de Sains-Richaumont. L'effort de l'ennemi s'épuise contre cette énergique résistance. La bataille paraît se rétablir à ce point central d'où dépendent Clanlieu et Jonqueuse d'une part, la Vallée-aux-Bleds pt Vervins d'autre part.

Il est dix heures. La brume s'est dissipée. C'est le moment où le 1er corps débouche sur le champ de bataille. Sur la cote 122, on voit le général Franchet d'Esperey qui prend en main la direction du combat. Il place lui-même l'artillerie de la 20e division. Cette artillerie tonne sur les colonnes ennemies qui grimpent aux pentes, et les arrête net.

A midi, la situation tend à se transformer. L'ennemi est contenu partout. L'heure de la contre-attaque va sonner…

Mais voici que l'espoir entrevu échappe encore. A droite de la 39e et de la 38e brigade, la 37e combattait sur les pentes qui rejoignent la rivière vers Le Sourd, Wiège-Faty et Marly-Proisy-Malzy. Le 71e et le 48e composent la brigade. Violents combats à la cote 169 qui sépare Le Sourd de Lemé. De ce côté, l'artillerie lourde allemande, qui tire des hauteurs de Wiège-Faly (ferme Martin, au-dessus de la ferme du Sourd), accable ces formations de projectiles. Vers dix heures, le 71e réussit à franchir la crête 169, entre dans Le Sourd et en chasse l'ennemi à la baïonnette. Obligé de l'évacuer, il tient, à midi, en avant de Lemé, se replie dans Lemé, défend le village maison à maison et, finalement, très éprouvé, ayant perdu la majorité de ses officiers, retraite en désordre sur Marle, entraînant dans son mouvement le 48e. Le général Bonnier, commandant la 19e division, est blessé par un éclat d'obus (vers quatorze heures) et évacué.

Le général commandant la 38e brigade prend la direction de la ligne de feu sur la crête. Avec les réserves qu'on lui envoie, il organise solidement, à sa droite, la défense de Lemé, les Bouleaux, Chevennes, autour du carrefour de Sains-Richaumont. L'ennemi qui, venant de Voulpaix, avait esquissé un mouvement d'enveloppement à notre droite, est arrêté, enfin, de ce côté.

La bataille se prolongeait ainsi, plus à droite encore, jusqu'à Vervins. Toute la route transversale au plateau était en feu.

Tandis que le 1er corps se prépare à intervenir au centre, la 4e division de cavalerie et la 51e division de réserve résistent autour de Vervins. De ce côté, c'est-à-dire à son extrême-gauche, l'ennemi a franchi l'Oise ; il débouche d'Étréaupont-Autreppes pour tenter son mouvement tournant par Haution vers la Vallée-aux-Bleds-Voulpaix. Mais la brigade de cuirassiers lui tombe sur le dos vers Voulpaix-Féronval, la brigade de dragons vers Haution-Féronval, la brigade légère demeurant en réserve à Fontaine-les-Vervins. Vers midi, la 51e division de réserve, qui vient de Tavaux, commencé à arriver à Gercy ; elle s'engage sur le front Voharies-Gerry et prend en flanc les Allemands qui attaquent le 10e corps, et déjà l'ennemi est refoulé au-delà de la crête de Voulpaix et en direction de l'Oise, quand, enfin, se déclenche, sur tout le front de bataille, la contre-attaque générale prévue et préparée par le commandement, exécutée par le général Franchet d'Esperey. La bataille de Guise est à son tournant.

La contre-offensive française décide de la bataille de Guise.

Il faut rattacher, maintenant, les données générales du combat à cet angle que fait le front français, c'est-à-dire au point précis où la bataillé pour Saint-Quentin s'articule à la bataille de Guise.

Il est trois heures de l'après-midi.

Nous avons dit la retraite partielle du 18e corps, 36e division (général Jouannic), sur la route de Guise ; nous avons vu ce corps mettant ses deux divisions de droite, 35e division (général Exelmans), et 38e division (général Muteau), en liaison étroite avec le 3e corps pour la défense du cours de l'Oise ; nous avons vu le général Hache, au 3e corps, 5e division (général Verrier) et 6e division (général Bloch), après avoir contenu, non sans peine, l'offensive allemande déclenchée de Macquigny sur Bertaignemont, reprendre cette ferme et préparer une attaque générale sur Jonqueuse à trois heures et demie de l'après-midi. Mais, nous avons montré aussi le 1er corps manœuvrant par ordre en arrière des lignes sur les plateaux du Marlois et venant se glisser entre le 3e et le 10e corps, en face de Guise et débouchant sur Puisieux-Clanlieu ; il prend la liaison avec le 3e corps à Landifay.

Le général Franchet d'Esperey s'est fait rendre compte de la situation. A quinze heures trente, il adresse, à toutes les forces dont il dispose, l'ordre de prendre l'offensive en encadrant le Xe corps et en liant partie, à droite avec la 4e division de cavalerie et la 51e division de réservé, à gauche avec le 3ᵉ corps. Le 10ᵉ corps tient toujours le Carrefour de Sains-Richaumont. Il a repris du terrain à Lemé. La 4ᵉ division de cavalerie et la 51ᵉ division de réserve ont arrêté le débordement allemand par la droite (Voulpaix-la-Vallée-aux-Bleds-Féronval).

C'est la minute décisive. L'ennemi est à bout de souffle ; nulle part il n'a pu enlever la crête du quadrilatère ; ne disposant que de deux corps, le Xe corps, entre Jonqueuse et Colonfay, et la Garde, entre Guise et Etréaupont, sans cavalerie, sans réserves, déjà il est arrêté. Comment supporterait-il une puissante réaction soigneusement préparée et vigoureusement menée avec des troupes fraîches ?

A trois heures trente, l'offensive générale se développe depuis Mont-d'Origny jusqu'à Vervins, c'est-à-dire sur toute la ligne transversale du quadrilatère. Le général Hache à gauche, sur Mont-d'Origny-Jonqueuse, comme nous l'avons dit précédemment ; puis, mêlées en quelque sorte aux divisions du 10ᵉ corps, les divisions et les brigades du 1er corps : près du général Hache, en liaison avec lui, la 4ᵉ brigade (général Pétain), marchant sur Bertaignemont et la Râperie, un peu en arrière toutefois ; au centre, la force principale du corps, la 1re division, marchant d'abord sur la ferme la Bretagne et Le Hérie, et au-delà sur Clanlieu et Audigny ; à droite, la 3ᵉ brigade partant de Housset et marchant sur Chevennes et Le Sourd. L'artillerie des corps fait feu de toutes ses pièces sur les pentes où se sont arrêtées les troupes allemandes épuisées.

Le 10ᵉ corps est resté, presque partout, sur le front de bataille. Le 13ᵉ hussards a couvert la gauche du corps d'armée vers Le Hérie-la-Viéville jusqu'à l'arrivée du

1er corps. Entre Housset et Chevennes se trouve la 40e brigade et une grande partie de la 39e brigade avec le 70e régiment ; de l'extrémité Est de Sains jusqu'à Voulpaix, la ligne reste formée par sept bataillons dont le bataillon Boniteau, qui n'a pas cédé un pouce de terrain depuis le début de la journée.

L'infanterie s'ébranle d'un seul mouvement, vers dix-sept heures, sur un front de 25 kilomètres. Le général Franchet d'Esperey est à l'Ouest de Le Hérie et il progresse avec la brigade Sauret. Les troupes françaises descendent d'un seul mouvement en demi-cercle, et convergent vers Guise par toutes les pentes du plateau. Elles balaient l'ennemi. Jonqueuse est repris ; Bertaignemont est repris ; Puisieux, Clanlieu, Colonfay sont repris ; Richaumont est repris ; l'ennemi est chassé de la crête, puis des pentes ; il est rejeté dans les fonds d'Oise. A la tombée de la nuit, l'ennemi battait en retraite, partout, poursuivi par nos éléments les plus avancés jusqu'aux portes de Guise. Sauf un incident, au Mont-d'Origny, bientôt réparé, le succès était général et tous les corps engagés y avaient eu leur part.

Les renseignements recueillis pendant la nuit apprenaient que les corps ennemis repassaient en hâte les ponts de l'Oise. Si la Garde et le Xe corps allemand étaient restés sur la rive gauche, ils étaient infailliblement coincés entre la ligne Est-Ouest formée par les 3e, 1er, 10e corps et la ligne Nord-Sud formée par la 4e division de cavalerie et la 51e division de réserve, qui tombaient sur le flanc gauche de la Garde, à Voulpaix. L'ennemi se dérobait à temps.

Dans le camp français, le premier sourire de la fortune répand une joie universelle : « On est très fatigué, mais on marche de l'avant ; on a vu reculer les

Prussiens, on a le sentiment de la victoire. On est content ! »

Et puis, on compte sur la journée du lendemain !

Journée du 30 : La journée du. 29 se résume en deux mots : échec à gauche, succès à droite. On eut, dans la nuit, la confirmation que le corps de la Garde et le Xe corps actif avaient repassé l'Oise ; on sut aussi qu'après les terribles efforts de la journée du 29, — passage de l'Oise en avant du plateau du Marlois, alternatives du combat à Jonqueuse, Audigny, Sains-Richaumont, Lemé, Haution, Voulpaix, et, finalement, lutte désespérée contre la magistrale offensive de Franchet d'Esperey, — ces corps étaient dans l'impossibilité de soutenir, à eux seuls, le poids d'une nouvelle lutte.

D'autre part, Bülow ne pouvait leur venir en aide. Sa course folle vers l'Ouest avait dévoré tous ses effectifs disponibles. Au dernier moment, avec une témérité inouïe, il avait dégarni absolument sa gauche. En enlevant le Xe corps de réserve et le corps de cavalerie du général de Richthofen, il avait fermé les yeux sur ce qui pouvait arriver de ce côté. Et il n'avait, d'autre part, aucun soutien à attendre de l'armée von Hausen ; car celle-ci était engagée et avait eu à soutenir les rudes combats de La Fosse-à-l'Eau et de Signy-l'Abbaye contre de Langle de Cary et elle était arrêtée à la coupure de l'Aisne.

Si la droite de l'armée française continuait son mouvement sur Guise, en manœuvrant, à droite, dans la région d'Étréaupont où elle avait pénétré, l'ennemi déjà rejeté sur la rive Nord était pris par ses communications, coupé sur ses derrières et menacé d'un désastre.

Mais, à gauche, du côté de Saint-Quentin-la Fère, la situation était toute différente. Non seulement l'armée britannique n'avait pu prendre part à la bataille du 29, mais elle s'était retirée, abandonnant la région de la Fère, et elle avait décidé de se retirer plus loin encore, derrière l'Aisne, jusqu'à Soissons.

Ainsi la poche non seulement s'était créée, mais s'approfondissait d'heure en heure. Quant à la fissure entre les deux armées allemandes, elle était comblée. Si Bülow avait beaucoup perdu en dégarnissant sa gauche, il avait beaucoup gagné en renforçant sa droite. La cavalerie de Richthofen avait pris part à la bataille sur la route de la Fère et envoyait déjà une avant-garde sur la route de Saint-Gobain ; le Xe corps de réserve, malgré sa course formidable, se mettait, lui aussi, en mouvement et marchait sur la Fère, par Montescourt. En plus, von Klück, appelé à l'aide, envoyait à Bülow tout ce dont il pouvait disposer.

Tout cela n'était pas sans risque pour le général aventureux. Car ses troupes n'en pouvaient plus : à ce sujet, tous les témoignages concordent ; d'autre part, en se développant sur la route de la Fère, elles présentaient le flanc à l'armée Lanrezac. Celle-ci, toujours à l'abri derrière l'Oise à Renansart-Surfontaine, pouvait, par un « à gauche » vigoureux, les surprendre en pleine marche et leur faire payer cher leur avancée vers la Fère. La demi-brigade Mangin, arrivée par chemin de fer, était à Versigny, proie à se jeter en travers, tandis que les divisions de réserve déboucheraient de Renansarl, et tomberaient sur le flanc de l'ennemi, en direction de la Fère.

Les chances étaient donc pour le moins égales et il paraît juste de dire que, tactiquement, elles penchaient en faveur de l'armée française, si elle poursuivait son succès le lendemain.

Joffre ordonne la retraite

Mais d'autres considérations étaient à peser. Tout d'abord, le principal résultat qu'on se proposait était atteint : l'armée britannique était sauvée ; si la poche s'était produite, et si elle allait se creuser encore davantage, du moins le front n'était pas rompu : French restait en ligne.

Considérons, d'autre part, la situation de l'armée Lanrezac à l'égard de ses deux voisines, l'armée Maunoury et l'armée de Langle de Cary. Maunoury avait bravement attaqué von Klück avec une armée en voie de se constituer. Von Klück avait été arrêté ; le combat de Proyart lui avait fait subir de lourdes pertes ; mais ces résultats n'étaient pas décisifs, et ne pouvaient pas l'être : l'armée Maunoury, n'étant pas encore au complet, n'avait pu donner à fond. Elle avait manifesté sa présence ; cela suffisait : il n'y avait pas lieu d'insister.

Du côté de l'armée de Langle de Cary, les batailles de la Meuse et de Signy-l'Abbaye avaient fortement entamé l'équilibre des armées d'invasion. Le duc de Wurtemberg et von Mausen étaient rejetés sur l'Est et se séparaient, de plus en plus de l'armée von Bülow. Mais, de ce côté non plus, la poire n'était pas mure. L'armée Foch était à peine créée, son action ne pouvait pas se manifester avant quelques jours. Verdun était sauvé : c'était le principal. Il fallait savoir prendre du champ, à l'abri de la forteresse. Donc, de Langle de Cary et Sarrail devaient reculer encore. Et, par cette retraite, Lanrezac allait se trouver découvert.

Sur son propre front, la situation était confuse : dans l'ensemble, le soldat était fatigué par les longues marches et une dure bataille. Certains corps, notamment le 18e, le Groupe des divisions de réserve, le 10e corps avaient beaucoup souffert. Certes, la joie du succès s'était répandue comme une traînée de poudre, d'un bout à l'autre de l'armée, dans la nuit du 29 au 30. L'ennemi avait fui... Malgré tout, il fallait tenir compte du trouble que des combats complexes avaient produit dans l'ordre des corps et des unités, de l'apparition des troupes allemandes sur les lignes de la Fère, des perles subies, de la surprise causée par la disparition soudaine et complète de l'armée britannique.

L'armée Lanrezac restait en flèche ; à sa droite et à sa gauche, elle était découverte. Malgré la merveilleuse position tactique qu'elle occupait sur les plateaux du Marlois, avec la tête de pont de Guise reconquise et le mouvement possible sur les derrières de l'armée Bülow entre Guise et Étréaupont, fallait-il la maintenir à tout prix sur celle ligne avancée pour la lancer à la recherche de résultats incertains quand, surtout le reste du front, les armées française et alliée reprenaient l'exécution de l'Instruction générale du 25 août, c'est-à-dire le repli jusqu'à l'Aisne, et, s'il était nécessaire, jusqu'à la Marne ?

A cette question il n'y avait pas deux réponses : le bon sens, la sagesse imposaient la plus pénible, la plus douloureuse. Le général Joffre a dit, qu'en donnant l'ordre d'arracher la 5e armée à la victoire de Guise, il avait éprouvé un des déchirements les plus profonds de sa carrière militaire. Et cela se comprend. Mais son opinion était conforme à celle du vainqueur de la journée de Guise, le général Lanrezac. Celui-ci sentait le danger : « La situation de la 5e armée devient plus périlleuse de minute en minute. Si elle reste, le 30 août, dans la région Vervins-Guise-Ribemont, découverte qu'elle est à gauche par suite du recul précipité des Anglais et à droite par le départ de la 4e armée, dont elle est séparée par un trou de 30 kilomètres surveillé seulement par quelques escadrons, elle devra faire face à l'Ouest, au Nord et à l'Est. »

Et puis, chacun sent son mal, et on n'avait pas encore connaissance, dans le camp français, et on ne pouvait pas avoir connaissance du mal fait à l'ennemi.

La retraite fut donc décidée. La situation tactique la conseillait, la conception stratégique l'imposait. L'heure de l'offensive générale n'était pas sonnée. La résolution en était prise au Grand Quartier Général et les ordres dictés par le général Joffre, dès la nuit du 29 au 30. Le général Lanrezac fut confirmé dans ces dispositions par un message du 30 août au matin.

Le laps de temps nécessaire pour transmettre les ordres et passer à leur exécution permit de donner une certaine suite aux succès de la veille et de se rendre compte du trouble profond qui en était résulté dans le camp ennemi.

La bataille du 30, jusqu'à la retraite.

Les ordres étant, jusqu'à huit heures du matin, les mêmes que ceux de la veille (c'est-à-dire d'attaquer face à l'Ouest), les combats reprennent dès la première heure.

Suivons-les, de droite à gauche, sur le front français.

A la 51e division de réserve et à la 4e division de cavalerie, qui opèrent en décrochement sur Etréaupont-Guise, le succès est complet. Et ce succès est gros de conséquences, car c'est de ce côté que l'armée Bülow est menacée sur ses communications.

L'attaque étant reprise au petit jour sous la protection de l'artillerie, la 51e division de réserve a progressé dans le brouillard, sans trouver de résistance : à gauche de Laigny, elle gagne la croupe 190 ; les premiers éléments d'infanterie, appuyés par toute l'artillerie divisionnaire installée sur la croupe entre Fontaine-lès-Vervins et Saint-Pierre, engagent une lutte violente contre deux régiments de la Garde qui se font hacher dans les rues de Voulpaix.

La 4e division de cavalerie attaque sur Haution par le Sud-Est ; elle a laissé ses cyclistes et sa brigade légère sur l'Oise vers Autreppes-Etréaupont.

A dix heures, le succès s'affirme sur toute la ligne. L'ennemi repasse l'Oise sous le feu des batteries de 75 qui se portent en avant et lui infligent des pertes terribles. Les cyclistes et la cavalerie ont atteint la rivière sur les talons de l'ennemi... Mais, à ce moment (dix heures), l'ordre arrive d'arrêter le combat et de prendre les dispositions pour couvrir le flanc droit de l'armée pendant la retraite.

Au 1er corps et au 10e corps qui, ainsi que nous l'avons montré, opéraient ensemble au débouché des plateaux du Marlois, droit sur Guise et la boucle de Guise, la situation apparaît également favorable. L'ennemi n'a plus laissé, sur la rive gauche de la rivière, que des cavaliers pied à terre et très peu d'infanterie. Il ne tire plus qu'avec ses obusiers. Pendant la nuit, une fausse manœuvre, qui s'était produite sur Clanlieu, avait été vite réparée et, dès les premières heures du jour, le 1er corps et le 10e corps à sa droite reprennent l'offensive. Le déploiement se fait sur Le Sourd, Lemé, en avant de Sains-Richaumont, et l'on prépare l'attaque des ponts de Flavigny et Guise, lorsque l'ordre de rompre le combat est reçu par les corps, à huit heures trente.

Le général Franchet d'Esperey contient l'ennemi sans peine. C'est les larmes aux Veux qu'il abandonne les plateaux du Marlois, ou plutôt, il ne peut s'y arracher ; car il maintient son quartier général à Crécy-sur-Serre. Le général Deligny (1re division) ne voit aucun inconvénient à rester plus près encore de l'ennemi, et, pour la nuit du 30 au 31, il établit son quartier général, en pleine terrasse du Marlois, à Montceau-le-Neuf. Le 10e corps (général Defforges) reste dans la région de Marle.

Le 3e corps (général Hache), qui a pris part à l'offensive du 29 au soir, forme la pointe de la 3e armée, la pierre d'angle de tout l'édifice. Déjà, on sent plus directement, ici, le contre-coup de ce qui s'est passé sur Saint-Quentin. Cependant le général Hache, ayant réoccupé le Signal d'Origny, a pris, lui aussi, ses dispositions pour attaquer sur Noyal et Hauteville (c'est-à-dire sur la rive droite de l'Oise, en face des sources de la Somme) dès trois heures du matin. Un brouillard intense retarde quelque peu l'entrée en ligne de l'infanterie, quand l'ordre de l'armée, prescrivant le repli, arrive au 3e corps.

Mais ce corps a été obligé d'avoir, en même temps, l'œil à gauche : car le 18e corps et les divisions de réserve sont attaqués sur l'Oise vers Séry-lès-Mézières et ne se dégagent pas facilement. A la fin de la journée du 30, le 3e corps, et notamment la 37e division (général Comby), qui protège la retraite, tombe sur l'ennemi à Surfontaine et Villers-le-Sec et assure, de ce côté, le bon ordre de la retraite. Le 30 au soir, tout le corps était ramené derrière la Serre.

Le 18e corps, malgré les épreuves du 29, était reposé et prêt à reprendre la lutte dès le matin du 30. S'il avait renoncé à l'offensive sur Saint-Quentin et sur la route de Guise, il n'avait pas abandonné la ligne de l'Oise et, selon les ordres reçus pendant la nuit, il gardait la rivière (en s'appuyant, à gauche, sur le Groupe des divisions de réserve) de la Fère à Origny. A sept heures trente, il reçoit les nouvelles instructions ordonnant le repli sur la Serre. La matinée est calme jusqu'à midi, et la ligne de l'Oise est toujours tenue. C'est seulement quand l'ordre de la retraite est en voie d'exécution que les corps allemands, après une violente préparation d'artillerie lourde, commencent à passer l'Oise. La 38e division d'infanterie (troupes d'Afrique, général Muteau), aidée, comme nous l'avons dit, par une manœuvre du 3e corps, tombe sur l'ennemi et, par une superbe attaque du 1er tirailleurs, assure la retraite sur la ligne Villers-le-Sec, Pleine-Selve. Tout le corps d'armée reste sur les plateaux du Marlois, de Renansart à Nouvion-Catillon. Tard dans la nuit et selon des ordres renouvelés, le corps prend ses dispositions pour se replier derrière la Serre.

Quant au Groupe des divisions de réserve, il s'est maintenu sur le cours de l'Oise, à la gauche du 18e corps, sans aucune difficulté, pendant toute la nuit. Seulement, par le développement de la journée du 29, son action s'est reportée plus à gauche, en aval de la rivière, par Vendeuil et la Fère. Il a reçu le renfort du 148e que lui a amené le général Mangin, Mangin est à la Fère. Le Groupe reçoit l'ordre de se garder sur cette ligne *coûte que coûte* jusqu'à ce que les autres corps aient évacué les plateaux du Marlois et que le 18e corps, notamment, soit venu le remplacer à Renansart. Ces ordres sont exécutés ponctuellement. Le Groupe a laissé des arrière-gardes à Hamégîcourt et, de concert avec le 18ᵉ corps, protège les ponts et refoule une première tentative ennemie, jusqu'à ce que la retraite soit assurée. L'ennemi ne passera pas les ponts avant dix-huit heures. Le Groupe « se décroche » seulement à onze heures et demie sans aucune hâte, et il arrive à Saint-Gobain à partir de trois heures et demie.

Toutes les dispositions sont prises pour garder la ligne de la Fère-Saint-Gobain. La 53ᵉ division de réserve reçoit des ordres à cet effet. Le général Perruchon établit son quartier général à Andelain et, de là, domine toutes les avancées du massif de Saint-Gobain. Le 148ᵉ (général Mangin) tient les ponts de la Fère, Condren et Chauny.

Bülow arrive avec toutes ses forces à l'entrée de la poche ; mais il la trouve encore gardée...

IV. Conclusion

Les historiens allemands de la guerre parlent toujours de la bataille de Saint-Quentin, jamais de la bataille de Guise. Et cela s'explique par le simple exposé des faits. Le haut commandement en était encore à cette période de la guerre où le public et le public universel ne devaient apprendre rien autre chose que des victoires éclatantes. Les faits contraires à ce système, — qui fut encore appliqué, comme on sait, à la bataille de la Marne, — étaient nuls et non avenus. Bülow s'en tint à une affirmation : l'armée française était battue et cédait le terrain. Fut-ce volontairement, fût-ce par l'effet d'une manœuvre, peu importait. En ces temps-là, l'avance des lignes et l'occupation des territoires servaient de critérium à la guerre.

Le communiqué allemand du 31 août, sous la rubrique : *Toutes les armées allemandes victorieuses en France*, s'exprime en ces termes : « L'armée du général von Bülow a battu complètement, près de Saint-Quentin, une armée française, supérieure en nombre. » — C'est tout. Rien que des victoires et des victoires *complètes* !

La presse allemande interprète ces lignes avec sa jactance ordinaire. Un des tracts les plus répandus en Allemagne, l'*Etreinte* de Fendrich, résumait toute la campagne en ces termes simples :

Le général French, qui avait établi son Quartier Général à Saint-Quentin, vit les Allemands approcher par une tout autre direction que celle où il les attendait (c'est la théorie, mais déjà un peu voilée, du mouvement tournant). Dans les sanglants combats entre Péronne et Vervins, à l'Ouest et à l'Est de Saint-Quentin, l'infanterie anglaise fit connaissance avec la fureur allemande... Parmi toutes les nouvelles de victoires, aucune n'a causé plus de joie en Allemagne que l'accueil préparé par nos soldats aux souverains de l'île orgueilleuse. Et quand, trois jours après, l'armée de Bülow redoublait à Saint-Quentin, sur les Français, ce que Klück avait commencé sur les Anglais, les cris de joie retentirent dans les rues des villes allemandes...

Le colonel Feyler dit, à ce propos, dans son chapitre sur la *Manœuvre morale* : « Après la lecture de ces textes, on peut se rendre compte de l'état d'esprit qui doit régner dans l'Empire : ils témoignent d'une telle assurance, ils sont remplis de tant de détails ingénieux, de façon à faire impression, que la victoire finale ne peut faire doute pour personne. Mieux que cela, elle est acquise. Relisez, par exemple, la brève description de la poursuite dans la première dépêche du 4 septembre : « Nous ne connaissons que lentement la valeur du butin des armées. Les troupes dans leur marche en avant si rapide ne peuvent s'en préoccuper beaucoup… » Il y en a trop, de ce butin. Le général, de Bülow n'a-t-il pas, à lui seul, enlevé 643 voitures de guerre, canons et mitrailleuses ? Et le compte n'est pas complet ; il date du 31 août. Les troupes des étapes le compléteront peu à peu… »

Ces communiqués sont bons à rapprocher des exposés qui, après quatre ans, sont encore ceux du grand Etat-major - allemand. Le mensonge est la règle, dans la victoire comme dans la défaite.

Il fallut déchanter pourtant quand on eut une connaissance plus exacte des faits. A l'heure actuelle, personne, même en Allemagne, ne compte plus la bataille de Guise Saint-Quentin comme une victoire indiscutée.

Stegemann, dans son récit, d'ailleurs incomplet, porte sur elle un jugement modéré. « La bataille avait duré deux jours, dit-il, ayant que les Français, presque victorieux à droite, mais tournés à gauche, abandonnassent le combat et tentassent leur retraite par les routes conduisant au-delà de l'Aisne… » A cette appréciation il manque cependant deux choses capitales : une vue précise sur l'effet produit dans le camp allemand, et, ce qui est plus important encore, l'indication des conséquences stratégiques qui, dès lors, pesèrent sur le développement de toute la campagne.

Le Xe corps et le corps de la Garde, déjà si éprouvés à Charleroi, s'arrachèrent à demi détruits à la bataille de Guise. Nous invoquerons, sur ce point, deux témoignages d'origine allemande. Un lieutenant du 26e d'artillerie, qui appartient au Xe corps, dit un peu plus tard :

Le Xe corps est constamment sur la brèche depuis le début de la campagne. Presque tous nos chevaux sont tués ; nous nous battons tous les jours, de 5 heures du matin à 8 heures du soir, sans interruption.

Et un autre officier, appartenant à la Garde, dira à son tour :

Mon régiment est parti avec soixante officiers ; il n'en compte plus que cinq. Plus de deux mille soldats sont hors de combat. Mon régiment n'est plus qu'un débris. Nous traversons des épreuves terribles.

Tels sont les effets de ces combats en coup de boutoir que Joffre avait conçus comme devant accompagner et soutenir sa retraite.

Non seulement les pertes allemandes sont lourdes, mais l'effet moral est profond : le haut commandement avait promis au soldat la victoire en coup de vent, une manœuvre à tire-d'aile enlevant les armées jusqu'à Paris. Et c'était la lutte ardente, pied à pied, acharnée ; c'étaient, après des marches effroyables, à chaque tournant de route, à chaque passage de rivière, de redoutables rencontres avec l'ennemi. Toutes les privations, ni arrêt, ni sommeil et toujours cet affreux 751

Malgré les soûleries ignobles et la détente du meurtre et du pillage, une immense lassitude, une horreur, un dégoût commencent à se propager dans les lignes ; de cela tous les carnets, écrits à partir de cette date, portent témoignage : cette formidable manœuvre du « mouvement tournant, » entreprise avec une telle méconnaissance de la limite des forcés humaines et de la valeur de l'adversaire, est en train d'échouer, on le sent : du haut on bas de l'échelle, l'assurance tombe, l'inquiétude naît dans les cœurs et commence à apparaître sur les visages…

Et ce sont ces corps, à peine relevés de la bataille de Guise, que l'implacable volonté du haut commandant allemand allait livrer pantelants aux coups de Franchot d'Esperey et de Foch, à la bataille de la Marne !

Quant aux conséquences stratégiques, elles se développent conformément aux ordres donnés par le général Joffre et à l'Instruction générale du 25 août : l'armée anglaise sauvée, la ligne de front maintenue dans le camp français, et, par contre, la séparation s'accentuant entre l'armée von Hausen et l'armée von Bûlow, séparation qui deviendra bientôt, pour l'armée allemande, l'une des causes marquantes de sa défaite sur la Marne.

Mais une autre conséquence, résultant de l'étude des faits ultérieurs et qui, jusqu'ici, n'a pas été mise en lumière, justifierait, à elle seule, la décision qu'avait prise Joffre de livrer la bataille de Somme-et-Oise.

Il est possible d'établir, maintenant, que cette bataille, la bataille de Saint-Quentin-Guise-Proyart, eut pour effet de contraindre le général von Klück d'arrêter son mouvement Vers l'Ouest et de renoncer à la marche sur Paris, et cela à partir du 31 août-1er septembre.

Ce brusque changement dans la direction des corps de l'armée von Klûck, constaté par les avions français, ne fut connu de l'armée de Paris que le 3 septembre : on sait avec quelle émotion et quelle joyeuse surprise Gallieni le signala à Joffre. Tout le monde sait aussi que cette concentration de l'armée von Klück vers l'armée Bülow et vers l'Est décida de la manœuvre de

Maunoury sur l'Ourcq et de l'offensive générale sur la Marne.

Mais, il ne semble pas que l'on ail été à même de dégager les raisons qui avaient déterminé von Klück à prendre subitement un tel parti.

Les publications allemandes, jalouses de ménager l'autorité intellectuelle du grand État-major, n'ont jamais donné aucune explication sur les motifs de ce fameux mouvement. On se contente d'en relever le caractère de soudaineté, avec une tendance manifeste à reculer sa date. La brochure écrite en vue de défendre l'État-major allemand, *Les Batailles de la Marne*, n'apporte aucune explication, aucune lumière : « Quand tout à coup, — c'était le 4 septembre, — la 1re armée allemande fit un crochet vers le Sud, laissant Paris à sa droite... » Rien de plus. On laisse entendre que c'est une de ces illuminations du génie que la grâce de Dieu accorde à l'infaillible Etat-major.

La vérité se dégage, maintenant, avec une rigueur mathématique, du rapprochement des dates et des faits.

Ce fameux crochet de l'armée von Klück, qui dégage Paris et qui l'expose elle-même si dangereusement à la manœuvre que Joffre a préparée, trouve son indiscutable origine dans la bataille de Guise.

Von Klürk, nous l'avons dit, était lancé vers l'Ouest. Avec un parfait mépris de son adversaire, il marchait à droite, toujours à droite : et il s'allongeait ainsi, très loin en avant de Bülow, jusqu'à compromettre la solidité de la liaison entre les deux armées. Tout à coup, von Klück rencontre sur sa route, non plus des divisions territoriales, mais des corps de l'armée active : ceux-ci livrent, aux approches de Péronne, le combat de Proyart où ses régiments surpris sont sérieusement éprouvés. Et, le même jour, Bülow, sur sa gauche, crie : « Au secours ! »

Sur les faits eux-mêmes et sur l'impression produite dans l'armée von Klück, les témoignages allemands sont formels : Henri Heubner, capitaine de réserve, professeur à Wernigerode et qui appartient au IIIe corps, raconte que, le 30, il se battait à Ablaincourt, dans la région de Péronne, lorsque, vers quatre heures de l'après-midi, le feu des canons est arrêté : or, l'officier, très attentif à tout ce qui se passe, écrit sur son carnet : « *On nous apporte la nouvelle que l'armée von Bülow est engagée dans un dur combat et a besoin de notre aide.* NOTRE PREMIERE ARMEE DOIT ALLER A SON SECOURS. *C'est pourquoi nous fîmes soudain* UN ANGLE AIGU, *fléchissant ainsi* VERS L'EST *pour atteindre en marches forcées nos frères opprimés. Quand nous fûmes, vers sept heures, dans la petite ville de R...* (sans doute Roye) *pour y coucher, nous apprîmes que la 2ᵉ armée avait, dans l'intervalle et par ses propres forces, remporté la grande victoire de Saint-Quentin... Le lendemain, 31 août, nous reprîmes notre marche, mais cette fois* DIRECTION SUD-EST, *tandis que, jusqu'alors, nous marchions* SUR LE SUD-OUEST, *vers Noyon ; le lendemain, nous franchissions l'Aisne à Vic-sur-Aisne.* »

Peut-on établir plus nettement la relation de cause à effet ?

Et ce n'est pas ici un témoignage isolé. Ce qui se passe au IIIe corps, c'est-à-dire au contre de l'armée von Klück, se répercute dans tous les autres corps : le IVe corps a été transporté avec une rapidité extrême à la gauche de l'armée ; partant du Cateau, il a gagné Péronne avec une direction franchement Ouest ; de là, par un bond prodigieux, il est arrivé, le 29, à Margnysur-Matz. Or, un carnet de route de ce corps nous apprend qu'à cette date du 29, il a soudainement abandonné la direction Ouest et s'est mis en marche vers Noyon en repassant par Roye. Voilà le « tête à queue » bien marqué.

Plus à gauche, se trouve le IIe corps. Il s'est porté à l'Ouest jusqu'à frôler Amiens, à Villers-Bretonneux, lorsque subitement il a obliqué vers le Sud par l'Ouest de Moreuil et de Montdidier, comme s'il voulait gagner Paris ; il est arrivé à Maignelay et Montigny ; et le voilà rappelé en toute hâte vers l'Est, à la hauteur de Chevrières, le 1er septembre.

Nous avons vu enfin que le IXe corps est détourné également de sa route, qu'il doit rétrograder de la direction de Péronne où il est engagé, et qu'il est rattaché, en partie du moins, à l'armée Bülow pour prendre, avec celle-ci, la direction de la Fère, Laon, Soissons.

Donc, tous les témoignages et tous les faits concordent : c'est le 29, le 30, le 31 août et le Ier septembre, c'est-à-dire aux premières nouvelles de la bataille de Guise, selon la distance où se trouvent les corps et selon la rapidité d'exécution, que le changement de direction se produit, et que von Klück abandonne ce fameux projet de mouvement tournant, cette marche enveloppante sur Paris à laquelle le haut Etat-major général avait tant sacrifié.

Les raisons qui déterminent von Moltke et von Klück sont là patentes : von Klück est attaqué sur la Somme par Maunoury le 29, von Bülow est attaqué sur l'Oise par Lanrezac le 29 et est battu à Guise. Le Grand Quartier général allemand qui, d'ordinaire, conçoit tôt et comprend tard, a compris, enfin, la témérité de sa conception géniale. Le doute naît dans les esprits.

Déborder l'armée française par sa gauche et l'envelopper, c'est une tentative plus que téméraire avec les effectifs dont on dispose ; mais, prétendre la bousculer sur Paris et l'acculer ainsi à un Metz ou à un Sedan, c'est une entreprise tout à fait folle.

Nous avons, maintenant, sur ce point, les aveux les plus nets de l'Etat-major allemand : il n'a pas craint de les rendre publics, au moment où il méditait la nouvelle offensive sur Paris, l'offensive de 1918, calquée sur la première, mais avec des effectifs considérablement augmentés. C'était encore l'enveloppement par Montdidier et la route d'Amiens-Paris ; c'était encore la pointe sur Compiègne et Villers-Cotterets ; c'était encore la « Manœuvre de Fismes », mais élargie jusqu'à envelopper Reims.

Comme, cette fois, on était sûr de soi et qu'on voulait donner confiance à l'opinion, fatiguée malgré tout par la prolongation de la guerre, on fit publier une brochure, due au sous-chef d'État-major Freytag-Loringhoven, contenant, tout ensemble, le blâme du passé et l'assurance du succès pour l'avenir : «…Puisqu'on faisait la guerre de masses (*Masscnkrieg*), dit cet auteur, il fallait la supériorité du nombre, et c'est ce qui manqua à l'exécution du plan allemand. Le comte de Schlieffen avait reconnu, d'avance, que cela serait absolument nécessaire. C'est à ses efforts constants pour préparer l'Etat-major à la « guerre de masses » qu'il faut attribuer une grande partie de nos succès. Son successeur, le colonel-général de Moltke, s'est tenu fermement à la pensée du maître… Mais l'offensive allemande de septembre 1914, pour l'écrasement de l'ennemi, N'A PAS ETE ASSEZ FORTE… Il eût fallu, pour que l'offensive réussît à la Marne, une autre armée qui aurait suivi, échelonnée derrière l'aile droite. Ce genre d'opération exige des masses indéfiniment renouvelées…»

Telle est donc la critique, la critique avouée et presque officielle de la première grande manœuvre à la Schlieffen, de la manœuvre conçue et tentée par le premier grand Etat-major allemand.

Von Klück, qui s'était consacré avec une ardeur inouïe, une ardeur de cavalier, à son exécution, comprit, sans doute, dès le lendemain de la bataille de Guise, qu'il n'avait pas les moyens de l'exécuter dans toute son ampleur. Il parait avoir eu aussitôt l'idée de la resserrer, de la raccourcir pour la rendre plus forte. Tandis que le grand État-major l'avertissait de la densité croissante des troupes qui manœuvraient devant lui, tandis qu'il constatait lui-même l'apparition de l'armée Maunoury, se sentant ébranlé, il chercha un rétablissement, précisément dans son instinct de cavalier.

Au mouvement tournant à large envergure, il conçut le dessein d'en substituer un autre, en s'engouffrant dans le vide créé par la retraite de l'armée britannique ; il se prépara, sans doute, à renouveler vers Meaux la tentative de Cambrai.

Devant une telle résolution, que pensait le grand Etat-major ?… Renvoyant l'exposé complet du problème à l'étude qui sera consacrée à « la manœuvre de la Marne, » rappelons seulement aujourd'hui, d'après les faits patents et rendus publics, que la discorde se glissa entre les chefs allemands ébranlés par la vigoureuse résolution de Joffre.

Discorde, désarroi, hésitation, témérité, c'est indiscutablement l'état d'esprit qui règne, à partir de la bataille de Guise, dans le grand Etat-major allemand. Et c'est dans ces dispositions qu'il doit prendre les grandes résolutions ! — N'oublions pas, brochant sur le tout, la fatuité impressionnable de l'empereur Guillaume. Il avait cru à « sa » manœuvre, et « sa » manœuvre s'effondrait. Lui, le chef infaillible, il avait donc mal calculé ! Tandis que l'armée et le peuple croyaient encore, dur comme fer, qu'on n'avait plus qu'à avancer pour « cueillir » Paris, le plus énergique de ses généraux « évitait » Paris… Il faut donc le reconnaître : les généraux français savent la guerre, Joffre manœuvre.

Avant Guise, on pouvait douter encore ; après Guise, aucun doute possible : le général français, ayant en main une armée de deux millions d'hommes, qui a montré au Grand-Couronné, sur la Meuse, à Guise Saint-Quentin, ce dont elle est capable, Joffre ne se laissera pas faire. On dirait que l'Etat-major allemand a, comme d'instinct, l'idée d'avertir le public de ces lumières soudaines qui se lèvent en lui. Dans le communiqué du 3 septembre, tout en montrant la cavalerie de von Klûck « devant Paris, » il énumère les armées françaises qui lui barrent la route ; elles sont toujours « rejetées vers le Sud, » c'est entendu : mais elles existent et elles résistent.

Le doute commence donc à naître dans ces esprits téméraires.

Chez le soldat, ce n'est plus seulement le doute, c'est l'inquiétude, c'est la désillusion. Les carnets de route en témoignent avec une unanimité frappante. On avait promis au soldat la prise de Paris et la capture de l'armée Joffre, le tout d'un seul et même coup de filet. Il n'a pas besoin de lire les communiqués, lui, pour savoir ce qui se passe : il sait, parce qu'il l'apprend à son dam, que le soldat français « se bat magnifiquement ; » il sait que des fatigues inouïes lui sont imposées, que les effectifs des régiments fondent à vue d'œil. Et ce qu'il apprend enfin, rien que par les ordres qui lui sont donnés, c'est qu'on ne marche plus sur Paris : en un mot, que le *nach Paris* fait faillite. Donc, ces promesses, ces triomphes prochains, cette victoire facile et prompte, tout cela n'était que bluff et mensonge. Chefs et soldats, au même moment - car ce sont de ces étranges télépathies de la guerre - sentent que quelque chose est changé ! Il ne s'agit plus de Paris : il s'agit, maintenant, du sort de la guerre !

Et peut-être même est-il trop tard.

Joffre s'est libéré de l'étreinte ennemie. Il reprend, avec sang-froid, avec calme, l'exécution de sa conception stratégique ; il accomplit, en pleine maîtrise de lui-même, sa savante et redoutable retraite.

Il cède, mais c'est pour attaquer. De la Marne, il couvre Paris. Von Klück vient vers lui. Tant mieux. A partir de ce moment, en effet, l'ennemi ne poursuit plus Joffre, *il le suit…*

Il le suivra jusqu'à l'Ourcq, jusqu'à la Marne. Car, tels sont les avantages de l'initiative.